P. Dietrichstein

B.

UN AMOUR DANS L'AVENIR.

LAGNY. — Imp. d'Aug. LAURANT.

UN AMOUR

DANS

L'AVENIR,

PAR MÉRY.

I.

PARIS,
DUMONT, ÉDITEUR,
PALAIS-ROYAL, 88, AU SALON LITTÉRAIRE.

1844.

Un jour, je sortais du palais Rimuccini, la tête pleine des grandes et douloureuses choses que m'avait racontées la mère de l'empereur; j'avais besoin de respirer l'air puissant qui remplit la place de Venise, en descendant du

Capitole; et je me promenais devant le vaste château-fort de l'ambassadeur autrichien, regardant, à droite et à gauche, les jolies maisons et les solides palais qui ont été bâtis, en cet endroit, avec une rognure du Colisée. J'avisai, du côté de l'ambassade, une église que je ne connaissais pas, et qui me parut digne d'attention. Je demandai son nom : c'était l'église de Jésus. Ce nom me rappela vivement une touchante histoire qui nous avait été contée, à Florence, par madame la comtesse de Lipona, cette femme et cette reine à jamais regrettable. Je me souvins aussi que la noble sœur de Napoléon avait daigné me dire que je trouverais la même histoire, dans ses plus intimes détails, aux archives du séminaire du Vatican : elle m'indiqua même le prêtre napolitain qui l'avait écrite. Je courus à Saint-

Pierre, et je demandai au sacristain le chemin qui conduit aux archives ; car, dans ce monde papal qu'on appelle le Vatican, il faut une carte ou un guide pour voyager. On me fit traverser un labyrinthe de galeries, de salles et de cours, et j'arrivai à un vaste bâtiment, collé à l'orteil de cette montagne sculptée par Michel-Ange, et qui est la basilique de Saint-Pierre. Un jeune professeur, le plus aimable et le plus spirituel des professeurs de rhétorique, m'introduisit dans les archives, et mit le catalogue des manuscrits et les manuscrits à ma disposition. Je trouvai l'histoire, et je la lus deux fois ; elle était écrite en vers italiens, et elle portait cette épigraphe : *Quand les empires s'écroulent, il se fait autour de leurs ruines tant de bruit et de poussière qu'on ne donne point d'attention aux grands malheurs domestiques qui s'accomplissent alors. Le palais, en tombant, écrase une humble maison, et l'on ne regarde que le palais!*

Avec d'autres renseignements recueillis à Rome, j'écrivis cette chronique; mais certaines raisons de convenances m'empêchèrent de la publier : ces motifs n'existant plus malheureusement, je la publie aujourd'hui.

I.

Il faut nous rajeunir de vingt-huit ans, et nous transporter dans le département de l'Arno, à Florence. Sortons par la porte de *Borgo ogni Santi*, et suivons deux jeunes gens qui longent la grande allée des Cashines, et s'arrêtent au pied de la petite pyramide, à quelques pas de ces gigantesques pins qui humilient les arbres du voisinage, et les regardent du haut de leurs cent pieds.

On croirait voir deux frères jumeaux; ils sont tous deux vêtus au dernier goût de la mode impériale, tous deux bruns comme des Italiens, avec des yeux noirs et pleins de feu, et des visages empreints de cette distinction fière, qui est la beauté de l'homme.

Ils ne sont frères pourtant que d'amitié. Le plus âgé des deux a vingt-quatre ans; c'est le comte Giampolo Piranese, un noble Romain, un grand seigneur artiste qui est venu visiter Florence, et qui passe toutes ses journées dans les ateliers de sculpture, le ciseau à la main, devant quelque modèle antique. Il a vécu, à Naples, dans la brillante cour de Joachim Murat; il a vu les royales fêtes du golfe de Baïa, et il a abandonné tant de plaisirs pour étudier et se faire un nom dans l'histoire des arts. L'autre, son ami, plus jeune de quelques années, est un Français attaché au gouvernement de la Toscane impériale; il se nomme Émile Dutretz; il étudie la diplomatie aux dîners des ambassadeurs, et vise aux emplois des hautes chancelleries : la grande duchesse le protège, mais le jeune étourdi répond assez mal aux intentions bienveillantes de la cour, ainsi qu'on va le voir.

— La voilà donc, la Florence de Boccace! disait Émile à son ami, et il croisait les bras sur sa poitrine, et regardait Florence d'un air de pitié. La voilà donc! Fiez-vous aux poètes ensuite! Quatre femmes bien comptées, devant lesquelles je suis forcé de battre en retraite comme un conscrit! Quand on lit Boccace, Florence est un sérail ouvert au premier sultan venu. Le voyageur de vingt-cinq ans qui entre dans une auberge de Boccace est assailli, au débotté, par l'amour de toutes les femmes de la maison, depuis l'hôtesse jusqu'à la fille du jardinier : il est obligé de déménager soudainement pour se délivrer de son bonheur. Pauvre voyageur! il ne lui reste point de refuge contre le plaisir. Toutes les maisons de Florence se ressemblent : elles sont toutes habitées par des Phèdres qui dévoreraient une armée d'Hippolytes, par des Putiphars qui font litière de manteaux de Josephs. Et qu'elles sont rusées, ces amantes de

Boccace! comme elles se moquent des grilles et des verroux! comme elles se jouent d'un mari, d'un père, d'un frère, d'un tuteur, d'un espion!

Moi, je suis arrivé à Florence, un Boccace à la main; je marchais avec précaution, dans la rue, de peur d'être enlevé; j'évitais soigneusement l'auberge, remplie de guet-apens féminins; je fus droit me loger au palais Pitti, et je demandai huit jours de répit au beau sexe toscan, pour me rétablir des fatigues du voyage. Puis, je me lançai en public, au risque d'être incendié sur place.

La première femme à laquelle je m'adressai amoureusement me dénonça à son mari; il fallut se battre; cela m'inquiétait peu; je désarmai mon homme du premier coup; il démanda sa revanche, je fus forcé de le blesser légèrement au bras. Ma seconde maîtresse était une jeune personne de dix-huit ans qui me fit soupirer six mois, pour me jeter entre les bras d'un frère colossal qui me demanda le mariage ou la mort. Celui-là reçut une balle nommée, à la cime de sa chevelure. La petite voulait m'arracher les yeux. Ma troisième conquête était une veuve qui avait renoncé au monde; elle consentait bien à vivre avec moi, mais comme avec un ami, pour causer et réfléchir ensemble; je croyais que cela cachait un but, et que la rusée Florentine, élevée à l'école de Boccace, dissimulait une ardeur de Pasiphaë sous des apparences pudiques. Je consentis à causer et à réfléchir. Toutes les nuits, nous nous promenions à *San-Miniato*, d'un pas grave, séparés par deux pieds d'air.

A minuit, elle me donnait le bout de son gant à baiser. Un soir, je voulus brusquer une déclaration d'amour; elle poussa un cri affreux, et courut demander asile au couvent de la Visitation. Aujourd'hui, j'arrive au dénouement de ma quatrième intrigue; encore un beau dénouement, ma foi! Cette petite brune que je t'avais montrée au *Cocomero*, tu sais quels regards elle me lançait? Pour le coup, j'allais me réconcilier avec Boccace. Hier, je la rencontrai à *Santa-Croce*, elle me dévora du regard. Enfin, j'en tiens une! me dis-je. Je la suivis jusqu'à la rue *Delle Belle Donne*, n° 1243; elle me fit un signe de la main, et comme je me précipitai sur le seuil de sa maison, je trouvai, sous mon nez, une porte de sapin de Vallombreuse, fermée et plombée, comme au temps du siège du prince d'Orange. Je lui écris une lettre, chauffée au soleil du pays, une lettre en français et en italien, avec des citations de Boccace et d'Alfieri. Ce matin, au lieu de la réponse de la femme, je reçois un cartel du mari; et avec le cartel un ordre du ministre qui m'enjoint de ne plus tirer l'épée sur le territoire toscan. Au diable les femmes et Boccace! Ce mari se nomme Taddeo Panini; c'est un sergent-major blessé à Wagram, et employé à la poste, et maître d'armes par-dessus le marché; un crâne de régiment. Il me donne rendez-vous à *Poggia Imperiale*. En réponse, je lui ai envoyé, par mon domestique, l'ordre du ministre, en lui priant de m'assigner un rendez-vous à la frontière. Voici son ultimatum : *Je vous attends, lundi matin, à huit heures, sous Radicoffani, sur la route de Ponte-Centino*. Lundi matin, dans trois jours. Encore un duel, dans la patrie de Boccace, et pour une femme que je ne connais pas! Voyons, que ferais-tu à ma place, comte Pira?

— Je ne me battrais pas.

— Avec un prévôt! avec un crâne de la division italienne! Refuser une provocation! y penses-tu, mon ami?

— Pourquoi donc me demandes-tu un conseil?

— Pour la forme. Je suis décidé à me battre.

— Il n'y a rien à dire contre une pareille décision.

— Tu m'accompagneras?

— Sans doute. Seulement, je te ferai observer que le champ-clos est bien éloigné. Connais-tu la route de Sienne?

— Non ; mais vois ma position : les femmes m'ont fait une réputation de spadassin amoureux ; les duels se multiplient, dit-on, en Toscane, et l'empereur est furieux. J'irai me battre au bout du monde, s'il le faut. Tu partiras ce soir ; tu m'attendras à Radicoffani ; je partirai seul, demain matin, seul, pour ne pas éveiller les soupçons, car je suis espionné. D'ailleurs, j'ai un projet en tête ; je veux voir cette femme, ce soir, à l'office de *Santa-Maria Novella*. Je veux lui parler, la traiter de folle, lui faire une esclandre, et mériter au moins de quelque manière la vengeance de son mari... Oh ! point d'observations, mon ami ; j'ai tout arrêté. Que veux-tu? une folie en amène une autre; nous serons sages à soixante ans.

— A la bonne heure! Tu es bien décidé?

— Bien décidé.

— Je vais faire demander des chevaux pour ce soir.

— Emmaillote une paire d'épées et une paire de fleurets dans ton bagage. Moi, je ferai la route à cheval, une cravache à la main, comme à la promenade.

— C'est entendu. Nous pouvons maintenant rentrer en ville. Je ferai mes adieux à quelques amis. Je comptais n'aller à Rome que le mois prochain; je profiterai de l'occasion pour avancer mon départ de quinze jours. Je cherche une maîtresse, moi aussi; je n'ai pas le temps de la trouver. Tous mes loisirs sont occupés : à Rome, je songerai à l'amour.

Les deux amis sortirent des Cashines, et marchèrent ensuite, à travers la ville, jusqu'à la place de la Trinité; là, ils se serrèrent la main. Le comte Piranese passa le pont, et se dirigea vers son atelier d'amateur, devant *San-Spirito;* Émile se dirigea lentement vers *Santa-Maria Novella.*

A six heures du matin, la veille de Pâques, le comte de Piranèse arrivait sur la crête noire, où se désole l'indigent hameau de Radicoffani. Le brouillard tombait de cette cime des Apennins, en se déroulant sur la plaine stérile et bronzée qui n'a point de maître, et sépare la Toscane des États-Romains. Le comte, accompagné de son domestique, quitta sa voiture, et descendit la montagne, à pied, avec lenteur, la main à la garde d'une épée, de peur de surprise. Aux premiers rayons du soleil, le brouillard se replia comme un voile, et découvrit une lande volcanique, à perte de vue, sombre désert où l'homme n'a jamais planté un arbre ni une tente : c'est le néant pétrifié.

La double aiguille marquait déjà inexorablement huit heures à la montre du comte Giampolo Piranese, et pas une tête humaine, pas un dôme de berline ne se levait à travers les brêches de scories qui dentèlent les hauteurs de Radicoffani. Le jeune Romain s'était arrêté sur la route de *Ponte-Centino*, et son regard montant de bas en haut interrogeait avec inquiétude cette limite aérienne de la Toscane. Vu dans cette direction, le village ressemble à un amas de ruines torréfiées par l'incendie; il y a tant de tristesse sur ces crêtes que le soleil semble glisser sur elles sans les éclairer.

A neuf heures, un bruit éclatant tomba de la montagne sur la plaine. Une chèvre immobile sur le cône du volcan éteint bondit soudainement, comme à l'approche d'un être inconnu qui troublait sa solitude. Le comte Giampolo dévora du regard la cime de la blanche voie romaine, qui se détache comme un large ruban sur le fond brun des roches;

deux cavaliers s'y précipitaient avec furie; on eût dit qu'ils tombaient des cieux.

— Ce n'est pas lui! dit le comte; c'est l'autre!

Au même instant, les cavaliers mirent pied à terre et saluèrent le comte avec une politesse brusque. Taddeo Panini ôta lestement sa polonaise, retroussa ses manches, mit sa poitrine à nu, jeta son chapeau à vingt pas, et tira du fourreau une épée de cinq pieds de longueur; il était, lui, aussi démesuré de taille que son épée; un cadre d'épais favoris envahissait presque entièrement son visage. Ses yeux ardents semblaient jaillir d'une boucle épaisse de cheveux, comme deux éclairs d'un nuage noir; sa lèvre supportait une moustache rude et touffue, antérieure à Wagram. Le géant se mit en garde et attendit son adversaire, les jarrets tendus.

Le comte Giampolo jeta un dernier regard sur la crête de Radicoffani, et se tournant vers son domestique, il lui dit : — Emile n'est pas ici, il a été assassiné. Puis, se résignant à sa position, il mit l'épée à la main et commença le combat malgré lui.

Après deux minutes d'engagement, le jeune Romain reçut un violent coup d'épée dans la partie charnue du bras droit; il laissa tomber son arme et ne put retenir un cri de rage et de douleur. Son adversaire le salua poliment, s'habilla et, remontant à cheval avec son témoin, il disparut bientôt derrière le pic volcanique.

Le domestique pansa de son mieux le comte blessé. Il courut ensuite à Radicoffani demander des chevaux de poste. Le comte se coucha dans sa berline. Ordre fut donné au postillon de mener bon train. A la pointe du jour, le lendemain, Giampolo était rendu à son palais *Via delle Murate*, à Rome.

II.

Le comte Piranese fût complètement rétabli au bout d'un mois; dans cet intervalle, il n'avait reçu d'Emile qu'une lettre fort courte, que voici :

« Mon cher Pira,

« Je vais bien t'étonner en t'apprenant que

« je ne suis pas mort. Ne prends pas ceci pour « une lettre; c'est un signe de vie que je te « donne, en attendant le jour où nous pour- « rons nous revoir. A bientôt.

EMILE DUTRETZ. »

Veniso, 3 avril 1811.

Le jeune comte ne prit pas la peine de faire des conjectures; il attendit Emile et se lança dans le monde avec toute la ferveur de son âge et l'entraînement de ses passions.

Un dimanche de printemps, à midi, Giampolo s'était arrêté devant le palais Sciarra, pour voir défiler les calèches, toutes pleines de belles dames qui sortaient de l'église Saint-Ignace. Le *Corso* était encombré de magnifiques équipages, et la circulation était difficile. La longue file se divisait au coin du *Corso*; une partie montait à *Villa Borghese*; l'autre descendait à la place de Venise. Giampolo était en train de saluer les personnes de sa connaissance, lorsqu'il fut comme ébloui par un coup de soleil tombé d'aplomb sur ses paupières. Involontairement il porta ses mains sur ses prunelles, pour les raffermir, brava une seconde fois la chance d'ophtalmie. Ce n'était pas un rayon du soleil romain qui avait brûlé ses yeux, c'était un visage bien plus beau que celui de la Madeleine que le Guide a peint dans le palais Sciarra; bien plus beau que le groupe entier de chérubins que le père Pozzi, jésuite, a lancé à la voûte de l'église voisine. En ce moment, deux dragons régularisèrent la circulation des voitures, et la figure de l'ange fut emportée au vol, dans sa calèche d'azur, comme dans un nuage attelé à deux chevaux. Giampolo suivit longtemps les cent boucles de sa chevelure enfantine qui flottaient, au mouvement des roues, sur les plus belles épaules que le satin noir eût jamais encadrées pour un bal.

Il allait s'élancer à la poursuite de l'ange, lorsque deux bras l'arrêtèrent et l'étreignirent fortement.

— Pira!

— Emile!

Deux apparitions à la fois!

Les deux amis, enlacés l'un à l'autre, se

jetèrent dans la rue *San-Lorenzo in Lucina*, pour éviter les voitures et le bruit, et pour s'accabler de questions à loisir.

— Voici mon histoire, en deux mots, dit Emile. Je ne sais si ma dernière affaire avec Taddeo Panini a été connue ; mais au moment même où je montais à cheval pour Ronciglione, un ordre de Joachim Murat m'est tombé sur la tête et m'a étourdi. Il fallait partir pour Venise à la minute ; la chaise de poste était sur la grande route, les chevaux attelés, un piqueur en avant. Les affaires de l'empire avant les miennes, me suis-je dit ; et j'ai couru à Venise. Ce voyage m'a fait faire des réflexions. A mon retour à Florence, je me suis démis de ma charge. Me voilà indépendant ; toute espèce de service m'est intolérable. Devenu libre de mes actions, j'ai écrit deux mots à Taddeo Panini; les voici à peu près :

« Monsieur, je vous attends maintenant où « il vous plaira de venir; tout endroit m'est « bon. »

Et j'ai signé. Le spadassin m'a répondu ceci :

« Monsieur, je me déclare satisfait, et je « suis charmé que votre blessure n'ait pas eu « des suites fâcheuses. Vous êtes un brave, « mais vous n'êtes pas adroit..... »

— Tu t'es donc battu pour moi, mon ami?

Giampolo sourit, et tendit la main à Émile.

— Tu t'es battu avec ce crâne de Wagram, s'écria Émile avec un effroi rétroactif, toi qui n'as jamais manié que le ciseau dans un atelier ! Oh ! voilà du dévoûment ! donne-moi ta main, que je la serre devant le portique d'Antonin-le-Pieux.

— Mais, n'aurais-tu pas fait la même chose à ma place ?

— Moi, moi, parbleu ! c'est bien différent ! moi, je me moque des crânes et de tous les sergents-majors de la grande armée ! moi, j'ai touché Lebrun vingt fois !...

— Brisons là, mon ami, parlons d'autre chose... Qu'as-tu fait à Venise ?

— Rien. J'ai noyé un secret d'État dans le

Lido ; j'ai fait un croquis de la *Piazzetta*, que j'apporte à mon maître. Le voilà dans mon portefeuille ; je te le dédie, l'acceptes-tu ?

— De grand cœur : c'est un souvenir d'une grande époque de notre vie.

— J'ai dessiné sur la feuille blanche de la lettre impérative de Joachim Murat.

— Deux trésors pour un : l'autographe d'un héros et le croquis d'un ami. Je leur garde la première place dans le musée de mon alcôve. Merci. . .

— Sais-tu, Pira, que les Romaines sont ravissantes le dimanche. Saint Ignace doit être désolé d'être en paradis. Quel luxe de toilettes ! quels beaux visages ! quels beaux chevaux ! C'est Paris qui vient visiter Rome par ordre de l'empereur... A propos, je te soupçonne fort, Pira, d'avoir laissé tes yeux dans une calèche d'azur qui courait à villa Borghèse... Voyons, conte-moi : où en sommes-nous de nos amours ?

— Tu assistes au premier chapitre. As-tu remarqué une figure dans cette calèche ?

— J'en ai remarqué deux : une dame charmante et sa fille, un enfant.

— Un enfant de quinze ans ?

— Oh ! beaucoup plus jeune... Tu confonds avec la mère.

— Je n'ai pas vu la mère.

— Oui, j'entends : celle que tu as remarquée, c'est la mère, une femme de vingt-six ans environ, belle comme une Cornélie chrétienne, avec des cheveux d'un admirable noir romain.

— Avec des cheveux blonds.

— Noirs.

— Blonds, te dis-je ; je les ai suivis, de l'œil, jusqu'à *Via Condotta*, dans une longue traînée de soleil.

— C'est ce qui te les à faits blonds.

— Émile, es-tu fatigué de ton voyage ?

— Non ; j'ai déjeûné à Baccano, où j'ai dormi trois heures.

— Eh bien! allons à villa Borghèse; en trois bonds, nous reverrons mon ange à l'ombre, et tu me diras : J'ai tort.

— Tort ou raison, je suis tout à toi.

Ils remontèrent lestement le *Corso*, et en arrivant sur la place du Peuplier, ils virent la calèche d'azur arrêtée au pied de la colline de la *villa Medici;* elle était vide. Le cocher dormait au soleil, sur le siège.

— Il n'y a point d'armes, point de chiffres, dit Giampolo en examinant la calèche.

— Je puis t'affirmer que c'est une dame noble, dit Émile; elle n'a pas daigné me regarder, parce que j'étais à pied.

— Encore une fois, Émile, il s'agit d'une

jeune personne de quatorze à quinze ans.

— Tu n'as vu que sa tête; moi j'ai vu son buste. C'est un enfant, un bel enfant, c'est vrai, mais la mère vaut cent fois mieux... Tiens, regarde, regarde là-haut sur l'escalier de la promenade... ce sont elles... la mère et la fille... La fille court après un papillon... la mère s'appuie sur la balustrade du côté de villa Borghèse... Montons, montons; nous descendrons par l'escalier de la *Barcaccia*.

— Point d'affectation, Émile, je t'en conjure; marchons avec calme, d'un pas de promenade.

— Parlons bas surtout; la parole monte dans cette atmosphère si transparente; on ne perd pas un mot à cent pas... Pira, mon ami, modère-toi, tu cours avec l'agilité d'un chevreuil.

— C'est singulier comme je suis agité !... on dirait que je suis à la veille d'un évènement... Émile... tu as raison... ce n'est qu'un enfant... un enfant !

— Ah ! t'ai-je trompé !

— Un enfant... adorable !... à cet âge... douze ans... dejà quelle taille divine ! quel pied charmant ! encore un souffle du printemps, et cette jeune fleur...

— Mais la mère ! la mère ! Regarde donc... Oh ! c'est la statue de Rome qui s'est animée, et qui va se promener à *Villa Medici*, pour contempler son domaine !

— Elle est très-bien... oui... la mère... si c'est sa mère...

— Que veux-tu qu'elle soit?

— Moi qui cherche partout une tête de sainte Cécile...

— Prends la tête de la mère.

— Tête païenne... la mère... des traits de l'Olympe... L'enfant a un visage du ciel... douze ans... treize au plus.

— Tu la vieillis.

— Je lui en aurais donné quinze dans sa calèche.

— Ah ça, mon ami, vas-tu te rendre

amoureux de cet enfant qui chasse aux papillons?

— Eh! tu sais bien que non... c'est un ange que j'admire en passant, voilà tout.

— Admirons la mère... parole d'honneur! elle est radieuse ainsi, avec cette auréole de soleil, d'arbres et de fleurs... elle a l'air d'attendre quelqu'un..

— Son mari, peut-être.

— C'est une veuve, j'en suis sûr... il n'y a que des veuves maintenant, nos batailles ont consommé tous les maris. C'est une veuve. Ralentissons notre marche pour ne pas les dépasser.

— Vois comme l'enfant prend un air grave

à mesure que nous approchons. On dirait d'une demoiselle qui sort du couvent.

— Tu la grandis. . . . .

— Et quand je pense qu'il y a là-bas, dans cette grande ville, quelque jeune fat qui, dans deux ou trois ans, épousera cette petite fille... Figure-toi cette petite fille à seize ans... Il n'y aura pas assez d'amour dans cette Rome qui a tant aimé, pour payer son premier sourire!

— Allons, je vois que tu vas lui faire une lettre de change d'amour payable dans trois ans. C'est très-bien d'ajourner ainsi une passion; prends garde d'oublier ta dette à l'échéance. Cela me rappelle un vieux conte. C'était un bon fils qu'on réveilla à minuit pour lui annoncer la mort de son père. « Ah!

mon Dieu! dit-il, que j'aurai de chagrin demain matin à mon réveil! » et il se rendormit.

— Oh! si je pouvais dormir trois ans!

En causant ainsi, les deux jeunes gens avaient atteint les deux belles inconnues, ils leur jetèrent un dernier et rapide coup d'œil, et ne se retournèrent plus. Ils poursuivirent silencieusement leur route sous les grands arbres de *Monte-Pincio*, jusqu'à l'église de la Trinité; puis ils retombèrent sur le *Corso*, par le grand escalier et la place d'Espagne. — A leur retour, nous ne les manquerons pas ici, dit Giampolo, et nous les suivrons malgré leurs chevaux.

Et ils se posèrent en observation devant le palais Fiano.

Leur attente fut assez longue, mais ne fut pas trompée. La calèche traversa la place ronde, où l'obélisque semble marquer l'heure, comme une aiguille sur un cadran. Cette fois, les chevaux marchaient d'un pas modéré qui permettait de suivre. Émile et Giampolo prirent les devants à peu de distance, réglant leur pas sur le bruit des roues. Devant la place Colonne, la calèche les devança; elle courut au galop de ses chevaux jusqu'à la place de Venise, et disparut à l'angle du palais Rinuccini. Nos agiles jeunes gens brûlèrent le pavé du *Corso*, et furent assez heureux pour arriver devant le palais de Venise, au moment où la voiture s'arrêtait à la porte d'une élégante maison, voisine du palais Torlonia, et devant l'église de Jésus.

—Bien! dit Giampolo, nous en savons assez. Rentrons, Émile, viens te reposer chez moi maintenant.

— Mais il me semble, dit Emile, que nous ne savons rien.

— Nous savons tout; du moins, nous saurons tout ce soir. Ma mère connaît la place de Venise comme son salon; ma mère est une des plus dévotes mondaines de l'église Saint-Ignace et de l'église de Jésus; elle sait par cœur le personnel des messes de midi. Rentrons.

— Oui; mais, avant de rentrer, nous devrions faire deux tours de promenade devant le temple de la déesse.

— Y songes-tu, Émile? moi, en négligé du

matin ! toi, en costume de voyage ! Tout dépend de la première idée qu'on donne de soi aux femmes. Allons nous habiller.

— Justement mes malles sont à la douane de terre, sous le péristyle d'Antonin-le-Pieux, dont on a fait un douanier. J'ai commandé, chez Léger, à Paris, des habits de toute façon ; j'ai dix paires de bottes de Sakoski, dont cinq à revers ; c'est du dernier genre, avec des culottes de casimir agrafées à six pouces au dessous du genou. Elleviou les porte à ravir dans les *Maris Garçons*. Tu choisiras ce qui te convient dans mon bagage. Allons chez Antonin-le-Pieux réclamer nos costumes de bal.

Le palais de Piranese est une délicieuse résidence, comme l'artiste la désire. Il y a une cour, au midi, sombre et mélancolique; une cour fraîche, à pierres vermoulues, avec des vignes grimpantes et une fontaine qui fait un petit bruit de pluie sourde dans une conque de mousse, soutenue par deux tritons dévastés. Au nord, il y a un jardin d'une négligence adorable; c'est une association fortuite de pins, de citronniers, de platanes, d'acacias, de jasmins d'Espagne, qui se sont arrangés d'eux-mêmes pour ouvrir çà et là quelques allées de gazon et de marguerites. Par intervalles, on y rencontre quelque dieu therme décapité; quelque Cupidon sans bras, embrassant une Vénus sans tête; quelque Jupiter disgracié; quelque faune se voilant de lierre, par pudeur moderne; quelque buste de César mal échenillé. Ce mélange de pierres et d'arbres insoucieusement taillés est charmant à

Rome, devant la rude façade d'un palais bâti avec une rognure du Colisée. Il y a, par dessus tout ce dédain des petites choses, un soleil, un air, une lumière, une animation, une solennité qui donnent un caractère incomparable de poésie au moindre brin d'herbe qui se courbe sous vos pieds.

C'est dans ce jardin que nos deux amis se promènent après un long dîner, pendant lequel la marquise Piranese a fait tous les frais de la conversation. La belle statue ambulante du *Monte-Pincio* n'est plus un être anonyme, c'est la noble comtesse Rosa Balma, veuve d'un brave tué à Marengo ; elle est âgée de vingt-huit ans ; elle a une fille unique nommée Cécilia ; un cousin, d'un âge mûr, le comte Felice Mattei, qui passe pour être l'amoureux infortuné de sa céleste et inexpugnable cousine. Elle se prodigue peu dans le monde; elle va tous les jours à la messe de dix heures, à l'église de Jésus, et passe la belle saison à Tolentino, dans un château sur les rives de la mer Adriatique, avec sa fille et son cousin.

Émile et Giampolo s'épuisent en commentaires sur tout ce qu'ils viennent d'apprendre, et chaque minute fait éclore un projet nouveau.

— Mon ami, dit Émile, il faut nous arrêter à celui-ci; c'est le plus raisonnable. Ta mère donne une fête dimanche à la villa Piranese; nous jetons deux mille écus dans l'Anio. Nous invitons cent personnes ennuyeuses qui serviront d'épais manteau à l'adorable comtesse et à sa fille... Tu ris? Pourquoi ris-tu?

— Je ris, Émile, d'une idée bien simple. Nous nous tourmentons ici à faire des plans comme deux amoureux aux abois... De qui es-tu amoureux, toi, Émile?

— Moi! mais de personne. C'est pour toi, il me semble.

— Pour moi ! y songes-tu ? Ce matin , j'ai été saisi d'un éblouissement, voilà tout. Me crois-tu assez fou, mon ami, pour essayer une intrigue absurde avec une jeune fille de douze ans ?

— Comte Pira, vienne l'an prochain, et tu mourras d'amour pour cette jeune fille.

— L'an prochain, c'est possible... Je te l'ai déjà dit, oui, si mon coup d'œil d'artiste ne me trompe pas, ce sera dans deux ans là plus belle personne de toute l'Italie. Et elle s'appelle Cécilia!... Voilà de la prédestination!...

— Écoute, Pira, ne jouons pas au plus fin, ce n'est pas bien entre amis. Je suis convaincu que tu brûles de revoir la mère et l'enfant. Tu ne te rends pas bien raison de ce que tu éprouves ; tu ne sais pas précisément ce que tu veux ; tu es entraîné par une idée indécise vers un but qui n'est pas fixé. Bien plus, je jure que tu donnerais la moitié de ta fortune pour acheter vingt-quatre mois au Temps et les dévorer avant la nuit.

— C'est vrai... Tu vois que je suis fixé.

— Oui, fixé sur l'impossible.

— Enfin que faut-il que je fasse ? Voyons, parle, je t'obéis.

— Moi, j'ai un principe.

— Voyons ce principe.

— C'est de se laisser faire par la vie, puisqu'il y a quelqu'un là-haut, ou là-bas, qui veut bien prendre la peine de nous conduire à notre insu. Tu es jeune, riche, noble, oisif : laisse couler le Tibre; quoi que tu fasses il ira toujours à la mer.

— Tu parles comme un livre sibyllin... Cela veut dire...

— Cela veut dire que la marquise Piranese donnera sa fête dimanche prochain, qu'elle invitera la belle veuve, sa fille de douze ans, son cousin de cinquante, et que le hasard fera le reste.

— Émile, regarde-moi bien en face... Tu as des projets sur la belle veuve...

— Moi ! eh ! mon Dieu ! j'ai des projets sur toutes les femmes de l'empire français ! Tu n'es pas un grand sorcier pour avoir deviné cela.

— Ainsi, c'est en ton honneur que nous donnons fête à ma villa.

— A la bonne heure... donnez toujours la fête et nous verrons.

— Il sera fait selon ta volonté.

— Maintenant, tu me permettras d'aller faire une longue sieste. Depuis Florence je n'ai pas dormi. Jusqu'à dimanche prochain nous laisserons nos passions en repos. Adieu.

—

III.

Les équipages roulent et font voler cette poussière deux fois sainte qui couvre la route du Colysée à Saint-Jean-de-Latran et l'ancienne voie Tiburtine jusqu'à la villa Piranèse. C'est l'heure où le soleil du printemps s'incline sur l'horizon de la mer, où la lune sorde la crête du Soracte comme un large bouclier d'or exhumé d'une fouille. Le lilas, le chèvrefeuille, l'aubépine, versent leurs parfums le long des haies-vives qui bordent la voie antique. On dirait que le ciel et la terre s'associent aux maîtres de la villa Piranese pour fêter une mère aussi belle que sa fille, comme ces deux femmes qu'Horace immortalisait dans une ode sous les ombrages de ce même Tibur.

Une calèche bien connue s'est arrêtée à la grille de la villa. Émile et Giambolo, indifférents à tout ce bruit de danse et de musique qui se fait autour d'eux, n'ont pas cessé d'interroger le grand chemin depuis midi.

— Les voilà! dit le jeune Romain, et il court

les annoncer à sa mère. Émile se mêle à la foule qui se promène sous les grands pins de l'Anio.

La marquise de Piranese fait les honneurs de sa villa aux deux belles étrangères et à Félice Mattei qui les accompagne. Giampolo est venu rejoindre son ami.

— Oh ! c'est foudroyant de beauté ! s'est écrié l'ardent Émile en entraînant Piranese sur les bords solitaires du fleuve.

— Émile, dit Giambolo, le croiras-tu ? j'ai voulu offrir le bras à la mère, ma parole est morte sur la lèvre, mon bras s'est brisé. Je me suis appuyé contre un arbre, j'ai vu danser les peupliers autour de moi, j'ai douté un instant de ma raison. Oh ! laisse-moi respirer !

je suis fou... comme elle a grandi depuis l'autre jour !

— La mère ?

— Que dis-tu, la mère ?... La mère est déjà bien assez grande !

— Comte Pira, tes yeux te trahissent... la fille a toujours sa taille d'enfant...

— Tu ne l'as pas vue ; tu n'as regardé que la mère.

— Comme tu voudras. Il faut avoir de la complaisance pour son ami.

— Oui, je conviens avec toi que Cécilia est un enfant ; mais quand on a vu cet enfant, il faut jeter l'ancre, et attendre qu'elle arrive ;

il faut lui servir d'ange gardien, de peur qu'elle ne heurte son joli pied contre le caillou du chemin ; il faut veiller autour d'elle pour écarter les indignes ; il faut suivre tous les développements de ce corps divin, jusqu'à ce que l'enfant disparaisse et que la fiancée se révèle. Alors, il faut lui donner son âme, sa vie, sa fortune, afin d'acheter à vil prix cette couronne de beauté que les femmes ceignent à quinze ans. Oui, je jure par mon ciel romain, par les saintes eaux de ce fleuve, par les mânes des héros païens, par les reliques des martyrs, par le temple de la sibylle, par la basilique de Saint-Paul, je jure que cette jeune fille ne sera qu'à moi, lorsque Dieu et les dieux l'auront élevée jusqu'aux embrassements d'un époux !

— Comte Pira, voilà un serment parfait et surtout fort sérieux.

— Oui, très-sérieux au fond, quoique la forme soit ridicule. Souvent rien n'est plus grave qu'une plaisanterie.

— Te voilà dans une singulière position.. Chaque matin, en te levant, tu diras : Allons voir si je puis commencer à devenir amoureux, tu trouveras Cécilia comme tu l'auras laissée la veille, et tu rentreras chez toi, en disant : Je serai probablement amoureux demain ou après demain, le plus tard à midi. Enfin viendra le jour où tu sortiras de ton palais, avec un cœur serein et tranquille; Cécilia aura grandi, à ton insu, dans la nuit, comme l'aloës ; aussitôt ta passion éclatera comme un volcan, tu feras vingt sonnets, tu paieras des sérénades, tu brûleras le pavé de la place de Venise, tu donneras un bon coup d'épée à quelque rival, et pour finir le roman, tu te marieras, parce que tu n'es pas né séducteur.

— Je me marierai, n'en doute point.

— Quant à moi, je t'avoue, Giampolo, que je suis enchanté de tes plans ; voici pourquoi : tu m'abandonnes la belle veuve, et je m'en empare ; elle ne sera qu'à moi, je le jure par le Styx. Celle-là est toute formée, c'est du bonheur à la minute. Nous l'inviterons, le dimanche, à la villa Piranese, jusqu'à l'accomplissement de mes vœux... Dans quelle espèce classes-tu le Felice Mattei ?

— C'est un vieux soldat qui s'est fait antiquaire, c'est un compagnon d'armes de Balma, c'est un rusé Calabrais, qui, malgré sa finesse, a perdu la moitié de sa fortune avec de vieilles statues, et qui veut la rattraper par quelque coup de dé heureux.

—J'entends... S'il me gêne, je l'enterre dans une fouille.

— Émile, mon ami, ne va pas me faire quelque folie à travers mes projets, entends-tu ?

— Sois tranquille, je serai ton mentor.

Cependant les quadrilles tourbillonnaient dans le quinconce sablé d'argent, au bruit de la musique, au murmure des hauts peupliers, des grands pins et de l'Anio. Les arbres et le fleuve rafraîchissaient l'irritation haletante de tout ce monde en délire qui dansait en plein air. Là figurent les grands noms de l'aristocratie romaine, les Corsini, les Torlonia, les Farnèse, les Rospigliosi, les Chighi, les Ludovisi, les Barberini, les Borghese, les Giustiniani, les Braschi, les Spada, tous les noms qui tirent leur noblesse d'une ruine antique, d'un champ de bataille, d'un patrimoine d'église ou de l'auréole d'un saint. Les femmes qui portent ces noms sont harmonieuses et rayonnantes, elles ont des visages de saintes ou de déesses; elles ont des pieds adorables qui sont à l'aise sur le tapis du salon, sur le marbre de la basilique, sur le gazon d'un bal d'été.

Au moment où la comtesse Rosa Balma et sa fille arrivaient à la danse, le dernier rayon horizontal, parti du couchant, lançait une gerbe d'or sous les branches inclinées, et illuminait cette éblouissante constellation de danseuses romaines. On aurait dit que le fils de Latone avait animé toutes les statues de ses amantes du musée du Capitole, et qu'il leur envoyait son dernier sourire du jour, sous les arcs de triomphe des aqueducs romains. Un instant les quadrilles s'arrêtèrent, et la musique cessa de faire violence aux pieds de la danseuse; on entendit un murmure d'admiration prolongé, et la danse continua; c'était ainsi que le bal avait salué la belle comtesse et sa ravissante fille; elles portaient le même costume, de sorte que la fille était la miniature exacte de sa mère; jamais robe blanche, relevée par un spencer de velours noir, n'avait passé avec plus de bonheur de l'aiguille de la Parisienne au gynécée de la Romaine française; jamais costume aussi ne fut mieux inventé pour découvrir décemment le corps des belles femmes.

Au même instant, deux nouveaux cavaliers entraient aux quadrilles, Émile et le comte Piranese; Émile avec la comtesse, Giampolo avec Cécilia.

L'enfant dansait déjà comme une demoiselle qui sort du couvent, et il se faisait autour d'elle un concert de douces paroles qui l'environnaient comme une mélodie d'éloges; c'était de l'admiration mise en musique et chantée par les plus charmantes voix et la plus amoureuse langue du monde. Cet harmonieux hommage rendu par des femmes à des femmes remontait de la fille à la mère, et leurs jeunes danseurs, ivres de joie, semblaient vouloir retenir pour eux quelques grains de cet encens qui fumait aux pieds des deux déesses du bal. Au tomber du jour, une illumination éclatante et soudaine ramena le soleil sur l'horizon. La danse était arrivée à son délire, sous la mystérieuse influence de la nuit; les mains frénétiques serraient les mains langoureuses, les yeux italiens se croisaient comme des éclairs ramés, le bruit sourd des pieds se mêlait au frôlement des robes; les aspirations des poitrines ardentes accompagnaient la musique folle, les lèvres altérées de plaisir se ruaient dans l'air vide, pour saisir au vol les émanations voluptueuses que chaque femme laissait après elle en se déplaçant. Aux environs, tout respirait l'enchantement et la grâce. L'astre romain qui montait sur les collines de Tivoli s'était caché dans la cime des chênes, comme aux veillées des fêtes de Vénus ; le vent du fleuve apportait aux oreilles l'orchestre des cascades ; une clarté molle faisait saillir la façade aérienne de la villa sur un fond noir de cyprès et de pins, l'arbre de la mort et l'arbre de la vie ; un charme inexprimable coulait à flots sous ce grand ciel et semblait rendre à ceux qui vivaient ce trésor de volupté puissante que les héros d'autrefois avaient laissé en réserve dans ces lieux, où passèrent tous ceux qui furent grands par l'amour.

Émile ne s'était jamais trouvé à pareille fête ; il venait de se révéler à lui-même tout ce qu'ajoute à la furie du désir la musique d'un bal nocturne sous les pins de la campagne de Rome : ses mains étaient brûlantes de la sueur des mains de l'adorable comtesse; ses bras étaient brisés ; ses joues semblaient garder l'empreinte des boucles de cheveux qui flottaient aux joues de sa danseuse ; tout son corps gardait comme un souvenir de quelque divin pli de robe qui l'avait effleuré en courant. La danse finie, on suivit la marquise Piranese sous la longue allée de peupliers qui descend à l'Anio. Émile offrit son bras à la comtesse qui tenait Cécilia par la main : il regarda cette femme un instant avec des yeux de devin, et elle lui parut vaincue par le délire du bal. Une pensée vint à l'esprit du jeune homme : — Boccace a raison, se dit-il, et j'ai tort; la femme est forte dans le foyer domestique, et pendant le jour; elle est faible, la nuit, après un bal : jusqu'à présent, je ne fus jamais qu'un grand sot et un maladroit.

Et il regarda très-attentivement la comtesse. La danse avait dévasté sa jolie robe et sa chevelure; ses beaux yeux noirs mouraient de langueur; son teint semblait luire au feu d'une fièvre amoureuse; sa poitrine agitait le velours du spencer comme une petite vague d'azur; son corps fléchissait de faiblesse; on eût dit qu'elle demandait grâce à un amant, et qu'elle le suppliait, dans un silence expressif, de ne pas user de sa puissance sur une pauvre femme abattue.

— Il faut être très-banal, dans mon début, pour ne pas l'effrayer, dit Émile mentalement, et il se raidit sur ses pieds pour se rassurer lui-même.

— Le bal a fatigué madame la comtesse, il me semble.

— Moi, Monsieur! Oh! mon Dieu non : je suis prête à recommencer. J'aime beaucoup le bal. Un bal de nuit, sous les arbres, est délicieux, n'est-ce pas, Monsieur?

— Oh! adorable! ravissant! et quelle belle nuit! quel beau pays! quelle gracieuse campagne! Si Dieu était exilé du ciel, il viendrait habiter ici; c'est bien la terre de Saturne; c'est le Latium enchanté.

— N'aimez-vous pas mieux la France, Monsieur?

— Mais, je crois que nous sommes en France, Madame, département du Tibre.

— Oui, sur la carte de l'Empereur.

— Et ce sera, j'espère, une carte éternelle, comme celle qui est incrustée sur la muraille de l'escalier du Capitole. Ainsi, j'ai l'honneur d'être votre compatriote, par la grâce de Romulus et de Napoléon. Notre pays est fort beau.

En ce moment, la marquise Piranese, suivie d'une foule de dames, s'approcha de la comtesse Rosa Balma, et lui dit : Oh ! Madame, nous raffolons de votre charmante fille; toutes ces dames veulent l'embrasser, nous vous l'enlevons.

— C'est une idée de Giampolô, pensa Émile; il travaille pour lui et pour moi.

Cécilia, riant avec une joie enfantine, se jeta dans les bras de la marquise. Émile et la comtesse restèrent seuls. La liberté romaine permet ces tête-à-tête, à la campagne, et personne ne les blâme, la première fois.

— Voilà donc l'Anio, dit Émile, *præceps Anio* : excusez la citation, Madame, elle est courte et de circonstance; voilà donc cette poétique rivière où se sont abreuvés tant d'amoureux, depuis Horace qui logeait par là, jusqu'à... jusqu'à moi.

Un moment de silence. Émile attendait une parole de la comtesse; elle ne dit rien.

— C'est ici, poursuivit Emile, qu'Horace a

fait cette ode qui commence par ce vers : *O mère plus belle que sa fille, ô mater filiâ pulchrior!* deux Romaines de ce temps; il me semble les voir, là, sous ces arbres, dansant au clair de lune, *imminente lunâ*, excusez encore cette citation, Madame, elle est d'Horace : heureux poète, domicilié à Tibur, citoyen français!

— Y a-t-il long-temps que vous êtes sorti du Lycée Impérial? demanda la comtesse, d'un ton qui paraissait ironique.

Une sueur froide comme une vague de l'Anio courut subitement sur le corps d'Émile.

— J'ai vingt-deux ans, Madame, répondit-il en se redressant sur la pointe des pieds.

— Vous aimez l'Empereur, sans doute, puisque vous êtes l'ami du comte Piranese?

— L'empereur est le bienfaiteur de ma famille.

— Et vous n'êtes pas à l'armée?

Emile pâlit d'indignation.

— J'y serai quand l'Empereur m'appellera; je suis fils unique de veuve; mon père a été tué à la bataille navale d'Aboukir, sur *le Tonnant*, à côté de Dupetit-Thouars; mes deux oncles sont morts à Trafalgar, l'un, sur *le Pluton*, l'autre, sur *le Bucentaure*. Je suis d'une race de héros, comme vous voyez, Madame; je puis parler à la veuve de Balma. Excusez-moi, Madame, si je réveille de tristes souvenirs.

— Oh! Monsieur, je suis assez forte pour supporter des souvenirs; il y a toujours quelque chose de romain dans notre sang de femme. S'il y avait un escadron d'amazones, je ne danserais pas ce soir à la villa Piranese.

Emile bondit comme si la flèche d'Antiope l'eût frappé au cœur.

— Madame, dit-il avec un sang-froid emprunté, si les paroles que vous venez de prononcer ont, dans votre intention, quelque chose d'offensant pour moi, je vais mesurer d'un bond la hauteur des cascades de Tivoli.

Et il fit un pas vers le fleuve.

— Pour vous, non, Monsieur, mais pour un autre, peut-être.

— Cet autre, Madame, est sans doute mon ami, le comte Piranese. Je suis aussi jaloux de son honneur que du mien.

— Calmez-vous, Monsieur, et veuillez bien

m'écouter. Il y a à la *Villa Reale* de Naples un homme qui est plus qu'un roi, c'est un héros ; c'est Joachim Murat. Il honore de son amitié le comte Giampolo Piranese, vous le savez. Comment répond-il à cette amitié, votre jeune comte ? Le voici : il danse aux fêtes de la *Villa Reale;* il étale son luxe de grand seigneur, à Chiaïa, à la rue de Tolède, et à San-Carlo ; et puis, quand le roi de Naples tire l'épée, et va percer au cœur quelque ennemi, au bout du monde, le comte Giampolo va ciseler de mauvaises statues dans un atelier de Florence ou de Rome ; passe encore si c'était un Michel-Ange ! Eh bien ! moi, qui me suis condamnée à la retraite depuis la mort de mon mari, j'ai accepté l'invitation à cette fête ; j'ai voulu voir le comte ; j'ai voulu lui parler ; il m'a toujours évitée, comme s'il eût pressenti ce que j'avais à lui dire ; il a dansé avec ma fille, avec un enfant, comme pour s'acquitter, de quelque manière, d'une politesse qu'il me doit. Vous êtes jaloux, dites-vous, de l'honneur de votre ami, et moi, Monsieur, je suis jaloux de l'honneur d'un compatriote, d'un noble Romain. Voilà ce que j'avais à lui dire ; je vous l'ai dit, à vous, Monsieur, son ami ; j'espère que cela ne sera pas perdu.

La comtesse Rosa Balma fit une révérence, et laissa Émile pétrifié.

Lorsque la belle Romaine eut disparu derrière le massif d'arbres, le comte Giampolo tomba comme la foudre devant Émile.

— J'ai tout vu, dit le comte, tout : tu es un étourdi, un fou ; tu me perds ; tu brises mon avenir. Comment, malheureux ! à la première entrevue, tu brusques la déclaration avec une femme de cette trempe, ici, à deux pas de tout ce monde ! Tu as de singuliers moyens de séductions. Écolier maladroit ! Je crois bien, maintenant, que toutes les femmes s'évaporent entre tes bras, et qu'il n'y reste que les maris.

Émile, les bras croisés, un pied tendu en arrière, l'autre en avant, attendit la fin de cette mercuriale.

— Tu nous as donc vus ? dit-il avec un ton d'ironie.

— Parbleu, si je vous ai vus ; j'étais à vingt pas, posé en espion.

— Nous as-tu entendus ?

—Entendus; non; mais, à votre pantomime, je parierais d'avoir deviné toute votre conversation. Elle surtout, avec ses gestes romains dont j'ai l'habitude, aurait pu se dispenser de parler ; c'était l'indignation de la fierté romaine outrageusement blessée ; c'était Lucrèce moralisant Tarquin avant le coup de poignard... Au reste, mon ami, brisons là ; c'est encore une leçon que tu reçois; mais ne fais plus le procès à Boccace dorénavant.

Émile se comporta généreusement; au changement qui s'opéra sur sa figure et dans son maintien, il eût été facile de voir qu'il remettait au fourreau l'épée du sarcasme, déjà tirée à demi. Il était sur les terres du comte; la joie d'une fête rayonnait partout ; il pouvait, d'un mot, jeter la tristesse dans une nuit qui promettait encore tant de plaisir. *Renvoyons les choses sérieuses à demain*, se dit-il à lui-même, selon le précepte ancien; et il prit joyeusement le bras de son ami.

— Oui, encore une folie, dit-il en riant, pour conquérir une maîtresse, je me verrai contraint à me marier. Les femmes ne sont pas connues; elles valent mille fois mieux que leur réputation.

— Crois bien, mon ami, que tu ignores les premiers éléments de la stratégie de la séduction. Tu aurais échoué devant Messaline, là, sur cette même place, à dix heures du soir.

— Mais toi, voyons, toi, comte Pira, toi, mon maître, as-tu fait beaucoup de victimes?

— Moi !... quelle question !... moi... je m'occupe d'art... moi, je ne fais pas métier de séduction... et puis... il faut être discret... vois-tu....

— Allons, tais-toi, fat ! tu es comme moi, et comme tant d'autres, tu es un Tantale de volupté.

— Mais ne m'as-tu pas dit, toi-même, qu'il y avait à Paris un acteur d'opéra qui recevait tous les jours une déclaration et un rendez-vous ?

— Eh ! mon Dieu ! il y a dans notre Paris, où il y a tout, il y a dix femmes vieilles et repeintes à neuf qui, depuis trente ans, écrivent des lettres d'amour aux grands acteurs, aux grands artistes, aux grands orateurs de la

Constituante, de la Convention, du Directoire; à Mirabeau, à Talma, à Louvet, à Lebrun-Pindare, à Elleviou, à l'empereur de Maroc. On ne montre que les lettres, on se garde bien de montrer les femmes; les lettres sont toujours fraîches et sans rides. Cela fait ébahir tous les badauds du foyer.

— Très-bien, Émile, je suis charmé de voir que tu crois à la vertu des femmes honnêtes.

— A la vertu? oh! ceci nous mènerait trop loin. Rentrons au salon; le concert commence, j'entends la voix de Tacchinardi; ne perdons pas Tacchinardi.

En ce moment, on entendit le roulement d'une voiture sur la voie publique, et le grincement de la grille qui se refermait.

— Ah! dit Giampolo, voilà des fugitifs...

— Au moment où Tacchinardi chante!... Il n'y a qu'une femme... il n'y a que...

— La belle veuve?... Crois-tu, Émile? Eh! courons à la grille...... Grand Dieu! quel scandale!....

— Courons... oh! c'est elle; je reconnais le bruit des roues de la calèche d'azur.

— Émile! malheureux enfant, qu'as-tu fait? Demain nous serons la fable de Rome. Voilà mon domestique Luigi qui s'en revient... Luigi... Luigi... quelles sont les personnes qui partent?.... Ce sont elles! malédiction!... Je n'entends plus Tacchinardi... il s'est arrêté au milieu de l'air... oh ! que se passe-t-il au salon ?

— Écoute, Giampolo ; que tout le scandale retombe sur moi ; je pars... je vais à Rome... nous nous verrons demain... je vais loger à l'Hôtel-de-Paris, place du Peuplier...

— Attends, attends, questionnons quelqu'un..... Et Tacchinardi qui ne chante plus !..... Si ma mère se trouvait mal !.... Luigi ! Luigi !.. arrive donc... ici... ici... sous les arbres... c'est moi.

Le domestique obéit.

— Dis-moi, Luigi, que se passe-t-il au salon ? Va, ne crains rien, parle-moi franchement.

— Je ne sais pas bien, seigneur comte, dit le domestique, mais cette dame, et le petit monsieur laid, et la demoiselle, ont pris congé de madame la marquise. La belle dame avait l'air d'être en colère, et elle a répondu fort sèchement à madame la marquise... Et puis, on disait...

— Voyons, que disait-on ?

— On disait que cette dame... la belle dame... avait été insultée par votre ami... d'autres disaient que non... que c'était...

— Que c'était ?...

— Que c'était une brouillerie d'amants... et que votre respectable mère, madame la marquise, avait pris par la main la petite demoiselle, pour laisser la mère toute seule... avec vous... d'autres disaient avec le seigeur votre ami... et on parlait beaucoup, et on n'écoutait pas le célèbre Tacchinardi... et le célèbre Tacchinardi, voyant qu'on ne l'écoutait pas, a dit : Vous êtes tous des brutes ! et il a demandé son cheval... et puis je ne sais plus rien.

— Ecoute, Luigi, sois discret, ne parle à personne ; cours à la maison, rôde sur la terrasse ; écoute, espionne, retiens, observe... je t'attends ici... demande des nouvelles de ma mère... vite... je t'attends.

Le domestique salua profondément et partit.

— Quelle fête ! quelle nuit ! mon cher

Emile.... Oh! je n'ai plus la force de te faire des reproches: Tu es assez puni, serre-moi la main, je ne t'en veux pas. Aussi, quel jeune homme ne s'y tromperait? Elles étaient là, trente jolies femmes, à danser... bacchantes de bal! Emile, je t'excuse..... ce pauvre Emile!..... Embrasse-moi, je n'ai point de rancune, crois-le bien; j'aurais été dupe comme toi. Une si belle nuit! un gazon si doux! des arbres si embaumés! un vésuve au cœur... Elle! elle! la belle Rosa! elle ressemblait à une place forte qui capitule. Dérision de la nature! la belle Rosa! Minerve en spencer! la grande armée passerait devant, et mourrait de désirs inassouvis... Tu as raison, Emile, nous donnons une fête à la villa; le ciel donne fête à la terre... Que faire de cette double fête? Rien, rien, qu'un peu de bruit de musique et de pieds! C'est bien la peine d'êtr ejeune, riche, fort, passionné; d'avoir une villa pleine de parfums et d'ombrages. On vient danser chez vous, on vient vous incendier vivants, on vient vous empoisonner de tous les arômes de Vénus Aphrodite; et puis, on rentre calme chez soi, on défait sa robe, on pense à sa toilette du lendemain, on se couche, on dort! Non, Emile, je ne veux pas que tu quittes mon palais... tu resteras... on nous croirait brouillés pour cette femme... Voici Luigi!... Arrive... arrive... parle... ma mère, que fait ma mère?

— Votre respectable mère, dit le domestique, se porte bien; mais je la crois un peu souffrante; elle est pâle... un peu... elle causait sur la terrasse avec la contessina Fiano;

je lui ai offert de l'*agro di cedro*, et elle disait à la contessina..... Je l'ai écrit au crayon, ce qu'elle disait... voici... C'est quelque inconvenance de ce jeune Français, l'ami de mon fils; rien n'est sacré pour les Français. Et la contessina disait : Oh! que je les connais, les Français! j'ai passé deux ans à Paris. Ils se sont perdus avec leurs opéras-comiques, et les vaudevilles de Piis et Barré. — Ensuite, tout le monde a demandé sa voiture. Le célèbre Tacchinardi, voyant que tout le monde partait, a dit qu'il resterait et qu'il chanterait; on n'a pas fait attention à lui, parce qu'il est très-petit, ce grand Tacchinardi. Vous allez voir défiler toute la société dans un moment.

— C'est bien, Luigi, retourne auprès de

ma mère. Tu ne m'as pas vu, tu ne sais rien... Comprends-tu?... Sois intelligent et fidèle comme toujours.

Le domestique se retira.

— Allons, mon cher Émile, ne sois pas consterné comme cela, jamais je ne t'ai vu si abattu... parle-moi donc un peu...

— Je te parlerai, je te parlerai demain.

— Grand Dieu ! tu as pris un ton de sybille. Est-ce que tu me caches quelque chose, aujourd'hui ?

— Demain, je te parlerai, te dis-je. Ecoute un bon conseil : laisse-moi seul ; rends-toi auprès de ta mère ; montre un visage serein aux invités. Moi... ne t'inquiète pas de moi ; je vais prendre un de tes chevaux, et je vais coucher à la ville. Demain, à dix heures, je t'attends..... Voyons... cherchons un endroit bien écarté... Je t'attends au cirque d'Antonin, sur la voie Appia...... Nous causerons.

— C'est ton dernier mot; tu tiens à ton projet?

— J'y tiens. Adieu, comte Piranese. Si ce monde-là m'accuse, ne me justifie pas. Adieu.

Le deux amis se serrèrent la main et se séparèrent. Giampolo suivit la longue allée de peupliers et, à mesure qu'il approchait de la maison, il voyait distinctement les groupes de cavaliers et de dames qui montaient en voiture, avec un empressement bien singulier dans une nuit de fête. En arrivant sur la terrasse, il tomba dans une bande de musiciens congédiés que Luigi noyait dans le champagne, pour acheter leur discrétion. Les lampions seuls persistaient dans leur joie; ils illuminaient toute cette tristesse avec une profusion de clarté digne de la *luminara paschale*. Le comte remarqua que les dames avaient, en parlant, un visage morne et pincé, comme si elles eussent toutes été solidaires de quelque grand affront reçu dans la personne de la comtesse Rosa. Au salon du concert, Giampolo ne trouva que sa mère et quelques intimes : on lui fit un accueil très-froid.

La marquise prit son fils par la main et l'entraîna dans une pièce voisine.

— Comte Piranese, lui dit-elle, vous m'avez brouillée aujourd'hui avec la société de Rome; vous m'avez fait jouer un rôle indigne de moi. Vous vous êtes servi de votre mère pour attirer ici votre maîtresse ou la maîtresse de votre ami, ou la maîtresse de tous deux; c'est horrible!

— Ma mère, dit Giampolo avec le plus grand calme, ce qu'il a d'horrible, c'est une pareille calomnie. Je n'ai jamais parlé à la comtesse Rosa Balma, et mon ami lui a parlé ce soir pour la première fois. Elle n'est la maîtresse de personne, ici; votre fils vous en donne sa parole de noble Romain.

— Oui, moi, votre mère, j'aime à vous croire, et je vous crois; mais la comtesse Rosa Balma n'en est pas moins perdue aux yeux d'un monde jaloux et méchant. On l'a vue arriver seule, le teint et les yeux animés ; elle a demandé sa fille ; elle a dit brusquement à Félice Mattei : Donnez-moi votre bras ; elle m'a saluée à peine, et, aux premières notes de Tacchinardi, elle a disparu. Savez-vous ce qu'on a dit alors? On a dit des choses affreuses, on a dit que vous avez voulu livrer cette femme à votre ami ; on a dit que cette fête n'était qu'un prétexte et un guet-apens illuminé ; on a dit que vous avez été tous deux exilés de Florence pour une aventure semblable ; on a dit des horreurs enfin...

— Et l'on a cru à ces horreurs?

— La malice croit ou fait semblant de croire ; qu'importe!

— Et quel est le noble cavalier qui le premier a répété ces infamies?...

— Oh! voilà un bel expédient pour réhabiliter une femme! Quand vous aurez tué dix hommes en duel, aurez-vous détruit la calomnie? N'a-t-on pas dit aussi que votre ami a toujours l'épée à la main pour épouvanter les maris et les frères des femmes qu'il a séduites?

— Eh! mon ami n'a jamais rien séduit de sa vie, ni moi non plus, hélas!

— Cependant on dit...

— *On dit* est toujours la petite préface d'une grande fausseté. Ma mère, vous savez le proverbe de notre maison, jamais un Piranèse n'a menti. Voici toute l'histoire en deux mots : mon ami a dansé avec la comtesse Rosa Balma ; c'est un jeune homme fort étourdi qui parle lestement à toutes les femmes ; c'est un Français qui prend les vaudevilles au sérieux ; il aura murmuré quelques paroles d'amour à l'oreille de la comtesse, et la belle dame s'en sera offensée avec trop d'éclat. Voyez maintenant comme elle est punie de sa susceptibilité? La malice a déjà fait un roman sur elle et sur nous. Au reste, j'irai demain chez la comtesse, et je demanderai une explication : notre honneur est aussi compromis que le sien par toutes ces médisances. Il faut que tout s'explique, tout s'expliquera.

La marquise donna un signe d'assentiment, et se retira dans le fond du salon pour faire compagnie à quelques dames de son intimité. Le jeune comte demanda son cheval.

La terrasse était déserte et silencieuse; il ne restait plus rien de la fête; mais la nature avait continué la sienne. Les doux rayons de la lune illuminaient cette campagne; l'Anio chantait son antique mélodie qu'il enseignait au poëte de Tibur; les peupliers et les pins, mollement agités par le vent du fleuve, exécutaient cette symphonie éternelle que Virgile traduisit en harmonieux dactyles. Le ciel et la terre semblaient répéter à l'homme, dans la voix des arbres et dans les lettres d'or du firmament, les conseils voluptueux qu'Horace immortalisa par une ode. Le cyprès, immobile comme un obélisque de sépulcre, se levait comme un témoignage de la brièveté de la vie et une excitation au plaisir ; et cette foule inquiète et folle qui tantôt déchirait le gazon avec ses danses rentrait à la ville pour retrouver ses ennuis et son lourd sommeil.

IV.

Entrons dans cette immense ellipse de ruines qui fut le cirque d'Antonin Caracalla. Deux chevaux sont attachés aux racines qui pendent des *carceres*, à la place même d'où les coursiers romains s'élançaient vers la Borne. A l'extrémité de l'Épine, et devant le mur qui porte l'inscription de Torlonia, deux jeunes gens sont assis, et paraissent méditer sur la destinée des empires : ils méditent tout simplement sur eux-mêmes. C'est Émile, c'est Giampolo. Le premier vient de faire à son ami une confidence promise la veille. Le comte Piranese est pâle et bouleversé; il garde un silence morne; ses doigts convulsifs égrainent une brique rouge tombée de la *Meta*.

— Voilà une singulière femme! dit-il en renouant la conversation. De quoi s'avise-t-elle à mon égard! Embaucher les Romains pour l'armée française!...... A son âge, avec sa beauté, avec sa fille, s'occuper d'autre chose que du plaisir!..... sous prétexte qu'elle est Romaine..... Émile, qu'en dis-tu?

— Oh! tout bien réfléchi, il n'y a pas là

de quoi se désespérer... Tu n'es pas obligé de partir subitement pour l'armée, parce qu'une jeune veuve a fait un article supplémentaire à la loi de la conscription. Le plus malheureux dans cette affaire, c'est moi : encore une femme qui m'échappe! encore une intrigue avortée! Je suis venu à Rome pour y mourir, comme saint Aquilée, chaste et martyr... Justement, voilà l'église de Saint-Aqúilée, là-bas, sur le chemin.

— Ma position te paraît donc plus belle aujourd'hui qu'hier, Émile?

— Oui; hier, cette femme avait pris des airs imposants, des airs de Cornélie, de Clélie, de Virginie, et autres saintes du vieux calendrier romain. Et puis, je t'avouerai qu'en te voyant si peu disposé à partir pour l'armée, je suis revenu de mes premières impressions. Au reste, si tu n'as pas le goût des armes, je ne vois pas qui peut t'obliger de te jeter à la suite de Joachim Murat; le faune de l'Anio n'était pas dans l'état-major du dieu Mars.

— Oh! que dira cette femme? Comment pourrai-je me présenter à elle? Quelle estime aura-t-elle de moi?...

— Que t'importe? Aimes-tu cette femme?

— Non, je ne l'aime pas... mais j'aurais besoin de la voir, de la voir souvent, de lui parler... tu sais!...

— C'est là que je t'attends. Quand tu lui parleras, il est possible que tu l'admires, mais à coup sûr tu ne l'aimeras pas. Tu mettras sur le tapis les étoiles, la nature, les fleurs, le soleil, le printemps : elle te parlera de l'empereur et du traité de Tilsitt ; tu croiras entendre une Pallas des Tuileries. Quant à moi, je n'aime que les femmes qui sont de leur sexe. Les femmes viriles me font peur.

— Ainsi, tu ne me conseilles pas de partir ?

— J'ai pour principe de ne donner à mes amis que les conseils qu'ils se sont déjà donnés eux-mêmes. Ce matin, je t'aurais conseillé de partir. Après avoir vu tes hésitations, je te conseille de rester. Hier, la chose m'avait paru sérieuse au point que je t'avais assigné rendez-vous ici, dans ces ruines, de peur qu'une indiscrète muraille de ville ne nous écoutât. Aujourd'hui, je trouve que cela ne mérite pas tant de mystère, et...

— Émile, dit Giampolo avec vivacité, Émile, tu ne parles pas franchement, tu gardes une arrière-pensée au fond du cœur... Au nom de Dieu, que ferais-tu à ma place, que ferais-tu ? dis.

— Bien, comte Pira, j'aime cette émotion... A ta place, Giampolo, je partirais...

— Nous partirons.

— A merveille! quand ?

— Ce soir, pour Naples.

— Non, pas ce soir... c'est inutile... Il faut rendre une visite à la comtesse Rosa Balma, et lui annoncer ton départ pour l'armée. Te voilà tout réhabilité dans son esprit. Ensuite nous faisons nos préparatifs. Sais-tu, mon ami, que notre voyage sera probablement fort long. Il paraît que nous irons voir Saint-Pétersbourg, la Perse, la Chine et l'Inde. L'empereur, m'a-t-on dit, n'étudie plus depuis quelque temps que des cartes de Russie et d'Asie. Songe donc qu'avant de partir tu dois mettre de l'ordre dans tes affaires de famille; un petit testament même ne serait pas de trop, tu peux te trouver sur le passage d'un boulet : oh ! mon Dieu, il faut tout prévoir. La guerre est la pourvoyeuse des tombeaux. La localité m'inspire, je fais de la philosophie antique.

— Oh ! Émile, garde ta philosophie pour toi... Je n'aime pas me jeter dans ces idées... Qui sait... le théâtre de la guerre est bien éloigné... En arrivant, nous trouverons peut-être tout fini...

— Diable! cela ne serait pas ton affaire. La comtesse Rosa Balma exige que tu sois un héros et non pas un voyageur. Il faut que tu moissonnes des lauriers en Russie, et que tu viennes les déposer à son capitole; il faut que tu passes sur le pont triomphal comme un consul en épaulettes et décoré; il faut que tu traverses la voie Sacrée comme un centurion de Paul-Émile. Justement, l'architecte Camporesi doit exhumer, au forum, un de ces jours, les trois colonnes de Jupiter Tonnant, pour les dédier au comte Piranese-le-Triomphateur. Cécilia sera grande fille, ce jour-là, et belle comme Cécilia Metella, qui fut ensevelie là-bas, dans ce tombeau...

— Quel diable de langage me tiens-tu là, mon bon ami? es-tu fou?

— Non, je suis clairvoyant, trop clairvoyant pour toi... Tu ne partiras pas... Rome t'enlace comme une maîtresse; tu es trop riche, trop sensuel, trop artiste pour être soldat; tu as vingt-quatre ans; ta villa est charmante, ton palais délicieux, ton atelier ravissant; si tous les soldats avaient ce que tu possèdes, la grande armée serait bien petite. Crois-tu que je t'ai deviné?

— A peu près, dit Giampolo en souriant. Tu as oublié une chose; je n'aime pas la guerre du tout; je ne comprends pas cette folie de se battre qui s'est emparée du genre humain : je ne comprends pas que l'homme, dont la vie est déjà si courte, ait trouvé le secret de la raccourcir encore avec ses batailles éternelles. Ils disent qu'un besoin impérieux de gloire les pousse à se faire tuer, et qu'ils sont très-contents de mourir, parce qu'après leur mort ils vivront dans la mémoire de la postérité. Je ne comprends pas davantage cela. Nous voici dans une plaine qui a vu mourir tout ce qui a été vaillant au monde; nous voici dans le cimetière de l'univers. Chaque grain de poussière de ces ruines a été défendu par un héros et a sué sa goutte de sang. Eh bien! dans tout ce que je vois d'horizon autour de moi depuis le mont Socrate jusqu'aux Catacombes, et depuis la porte Capène jusqu'à la tour de Cécilia Metella, un seul sépulcre a conservé un nom, et ce nom est celui d'une femme, d'une jeune épouse qui vécut dans l'ombre du gynécée, et qui fut aimée de son mari. Toute autre gloire est dans le néant. A moins d'être roi ou empereur, il ne faut pas compter sur l'éternité de son nom. C'est pourquoi je me soucie fort peu de la guerre... et puis, c'est atroce d'aller tuer des gens qu'on ne connaît pas...

— Ainsi, comte Pira, tu restes à Rome?

— Mon bon ami, on fait bien souvent, en ce monde, le contraire de sa volonté. Je ne m'appartiens pas... tout me retient à Rome... et cette jeune fille qui grandirait loin de moi, qui n'attend que le souffle de l'été pour dépouiller la robe de l'enfance! Moi, pauvre fou, j'irais en Russie, en Asie, en Chine, dans la lune, à la suite de l'empereur; et à mon retour,... si j'en reviens,... je la retrouverais enchaînée au bras de quelque philosophe romain qui aura dédaigné la gloire pour cultiver l'hyménée. Ce serait absurde...

— Oh là! je t'arrête; le caractère de la mère m'est bien connu; elle aimerait mieux marier sa fille avec le dernier chasseur de la garde impériale qu'avec le premier philosophe romain.

— Il faut donc partir.

— C'est inévitable, si tu veux prendre pied dans la maison, si tu....

— A cheval, Émile! Courons à la place de Venise; je veux parler à cette femme, et, après cinq minutes d'entretien, nous partons. Décidé! Oh! tu ne sais pas quel trésor de graces j'ai découvert dans l'âme et le corps de cette enfant! En dansant avec elle, il me semblait quelquefois qu'elle était la sœur de sa mère, et qu'il m'était déjà permis de l'aimer. Quand je lui parlais, sa figure rayonnait comme une étoile; son jeune sein s'agitait d'une animation virginale; ses yeux étaient humides d'une joie de femme; ses mains, en touchant les miennes, semblaient avoir une pensée et un bonheur. Elle avait quinze ans; elle dansait à sa noce; elle était la jeune comtesse Piranese ouvrant son dernier bal de vierge. Elle était à moi!

Le comte ouvrit son portefeuille, et montrant un portrait ravissant à Émile, il continua :

— Tiens, regarde, Émile, voilà mon ouvrage de cette nuit; mon crayon a changé l'enfant naïve en jeune fille intelligente. Voilà Cécilia parée de ses quinze ans, je lui ai donné deux années en deux heures.

Dis-moi, crois-tu que je l'ai flattée? Crois-tu que j'ai trop présumé du pouvoir de Dieu, qui doit me la donner un jour aussi belle que je l'ai peinte sur ce papier? Oui, c'est ainsi qu'elle sera mon adorable Romaine! Elle aura ces yeux d'un bleu transparent et limpide, ce front si délié dans son contour, ce nez si délicatement ciselé entre deux joues savoureuses comme la pêche, ces lèvres qui aspirent l'amour et qui semblent dire: Viens; ce cou rond et pur comme une stalactite de la plus belle eau, ces épaules ouatées par un embonpoint modéré, comme celles de la déesse Hygie, ces bras d'ivoire fluide, comme Hébé les arrondit quand elle verse le nectar, cette splendide illumination de cheveux d'or qui jette tant de doux reflets sur une chair divine, et donne à la femme l'auréole de l'ange dans le ciel.

Piranese contempla amoureusement son ouvrage, et lui donna un baiser.

—Il me semble, dit Émile, que l'échéance est arrivée avant la date.

—Non, non, tu te trompes, mon ami, ce ne sont que des arrhes que je donne à l'avenir.

— A la bonne heure. Cependant, dès aujourd'hui, on peut juger de quelle espèce sera ton amour... un amour furieusemet matériel.

— L'autre amour, mon cher, n'est, je crois, qu'une froide plaisanterie de l'âme;

j'ai l'amour d'un artiste, moi, l'amour des sens.

— A vingt-quatre ans parler ainsi!.. eh bien! je t'approuve, et puisque nous n'avons rien de mieux à faire et que nous sommes dans un désert, nous pouvons entamer une dissertation sur les différentes espèces d'amour, voyons, comte Pira...

— Au diable ta dissertation! remontons à cheval, et courons à la place de Venise, au galop.

— A cheval! je te suis.

— Tu m'accompagneras jusqu'à la porte du palais Balma. Nos domestiques garderont nos chevaux, et toi tu m'attendras vis à vis dans l'église de Jésus. Si tu t'ennuies, tu examineras la chapelle de saint Ignace, que mon aïeul, le père Pozzi, a faite, et tu admireras le groupe de la Religion et de l'Hérésie, qui est un chef-d'œuvre de Le Gros.

— Très-bien, voilà un plan; est-ce tout?

— Si nous partons pour l'armée, je présume que tu seras obligé d'aller faire tes adieux à ta famille...

— Sans doute. Pendant que tu règles tes affaires, que tu visites tes domaines, que tu prends les ordres du roi de Naples, moi, je cours à Paris, j'embrasse ma famille et je vais t'attendre sur la frontière...

— A Strasbourg.

— Soit. Nous traverserons l'Allemagne à cause des Allemandes.... Un voyage délicieux !

— Voilà mon plan.

— Très-beau plan ! approuvé.

— A cheval !

— Nous mettrons le pied à l'étrier pour le voyage du monde. Saluons les augures. Voilà un aigle qui se pose sur la muraille aurélienne. Partons.

Un tourbillon de poussière grise s'éleva sur la voie Appia et courut avec un bruit de pas de chevaux jusqu'à la pyramide de Caïus Sextius. Nos deux amis étaient rentrés en ville.

Le comte Piranese monta hardiment l'escalier du palais Balma. Un vieux domestique parut à la première antichambre.

— Madame la comtesse, dit Giampolo; et il fit signe d'annoncer.

— Madame la comtesse, répondit le domestique, est partie ce matin à l'aube, pour sa villa. Elle y passera toute la belle saison.

Le comte Piranese regarda le plafond, salua un portrait de famille, ramassa son chapeau qu'il avait laissé tomber, balbutia quelques paroles inintelligibles, et descendit lentement l'escalier.

V.

Plusieurs mois se sont écoulés. Le comte Piranese a fait un séjour plus long qu'il ne croyait à *la villa Reale* de Naples. Il s'est enrôlé comme simple soldat dans les légionnaires commandés par le brave San-Giovanni, et il s'est déjà distingué dans une courte campagne sur le littoral de la Calabre, où les Anglais ont été repoussés vaillamment, et leurs embarcations foudroyées. Mais cette guerre obscure ne convient pas au jeune romain, il veut se rapprocher de Joachim Murat qui, depuis le mois de juin, s'est fait le royal éclaireur de la grande armée sur la route de Moscou. Émile Dutretz s'ennuie à Strasbourg et jette tous les jours une lettre au courrier de Naples. Enfin Giampolo va rejoindre son ami. Il a demandé une dernière audience à la reine Caroline, et c'est en sortant du palais royal qu'il doit partir pour la France.

Caroline, cette femme que Dieu avait créée tout exprès pour le trône de Naples, remit au comte Piranese une lettre, et lui dit avec sa grace adorable de reine italienne : « Voici quelques lignes de nouvelles que j'envoie à mon mari ; le nom de la ville où vous le trouverez n'est pas sur l'adresse, il est sur la carte du monde. Dites au roi que Naples et la reine sont bien tristes en son absence. Dites-lui aussi que Caroline le supplie de songer qu'il a une famille, un trône et une femme, et qu'il ne doit exposer ses jours qu'à la rigueur de son devoir. Au reste, je lui fais, dans ma lettre, les mêmes recommandations ; j'en avais dit aussi deux mots à Pignatelli, son aide-de-camp. Mais n'est-ce pas, monsieur le comte, que j'ai raison de lui parler ainsi ? Murat a prodigué sa vie en cent batailles, depuis quinze ans : il a toujours entendu siffler la première et la dernière balle, dans tous les combats. Aujourd'hui, avec son titre de roi, il peut, sans faire tort à sa gloire, renoncer à ce rôle de soldat téméraire qui outrepasse les exigences du point d'honneur le plus scrupuleux. En quelque lieu que vous le rencontriez, dites-lui bien de songer à sa femme et à ses enfants (1). »

La reine dit ces paroles avec cet organe harmonieux qui enchante le cœur et les oreilles. Le comte Piranese resta muet sous le charme d'une voix céleste; il lui semblait que la syrène Parthenope chantait une strophe d'Anacréon à son golfe de Baïa.

Ensuite elle secoua mélancoliquement la tête, et montra du doigt au comte le magni-

(1) L'auteur a eu le bonheur d'entendre répéter ces paroles touchantes par la reine Caroline, à Florence, en 1835.

fique portrait de Murat, chef-d'œuvre de Gros, qui décorait le salon (2).

Le grand artiste français, qui était né pour peindre Murat comme Phidias pour ciseler Achille, a jeté tout d'un bloc, sur cette toile, notre Achille de l'épopée napoléonienne. Le roi de Naples est représenté sur un cheval indomptable comme son cavalier : on dirait que ce nouveau fils de Thétis sort de la mer sur un coursier de Neptune, comme le héros de l'Iliade. Au fond du tableau s'élève le Vésuve en flammes. Le peintre a mis dans le même cadre deux volcans.

(2) Ce magnifique portrait équestre est aujourd'hui dans la galerie du palais de madame la comtesse Lipona, à Florence.

Le comte Piranese s'inclina de respect devant l'image du héros.

— Monsieur le comte, lui dit la reine, ce n'est que son portrait, eh bien ! il me semble que ce tableau mort protége le royaume en l'absence du roi. Vous n'ignorez pas que nous sommes entourés d'ennemis ! Stuart nous menace du côté de Reggio, avec vingt mille Anglais; Hudson-Lowe s'est fait, avec son escadre, le geôlier de Naples ; la dernière tentative que nous avons faite en Sicile, et qui a échoué par des fautes qui ne viennent pas de Joachim, a compromis la sécurité de nos côtes. Le roi est à mille lieues d'ici ; il combat pour la France et l'empereur mon frère : c'est son devoir. Dieu veillera sur nous.

Le comte baisa la main charmante que la

reine lui présentait, et il dit avec feu :

— Donnez ce portrait, en guise de bannière, aux braves légionnaires de San-Giovanni ; il fera recule les Anglais jusque dans leurs vaisseaux.

— J'aurais plus de confiance en l'original, dit la reine avec un sourire divin.

Et elle fit un léger salut de la tête. Le comte Piranese s'inclina devant cette reine des femmes, et se retira lentement.

En traversant la galerie, il jeta un regard sur le golfe par les croisées largement ouvertes. Tout sur la montagne et la mer rayonnait des enchantements d'un beau soir d'été. Il semblait que quelque divinité du ciel allait descendre sur cette terre radieuse, pour en jouir, en l'absence du roi de Naples, afin de ne pas contrister la nature, qui faisait tant de dépense de bonheur au profit du néant.

Un sourire mélancolique courut sur le visage de Piranese : Naples, se dit-il à lui-même, Naples ressemble aujourd'hui à une belle femme qui n'a point d'amant. Que de tristesse au milieu de tant d'azur! qu'il est sombre, ce palais, loin de son royal locataire! et lui! lui! ce héros qui pourrait avoir ici tant de bonheur et de joie, où est-il?... Au bout du monde..... Il forme, tout seul, l'avant-garde de l'armée; il défie en combat singulier un bataillon ennemi. Dévouement sublime! Il n'y a pas assez de marbre à Carrare pour la statue de Joachim Murat!

Après cette dernière visite, le comte Piranese n'avait plus qu'un devoir à remplir, le devoir d'un fils envers sa mère. Il partit pour Rome, et, à son arrivée, n'ayant pas rencontré la marquise à son palais, il se rendit à la villa sans perdre un instant.

Quelle fut sa surprise de trouver là causant avec sa mère, la belle comtesse Rosa Balma! Giampolo fut si troublé de cette rencontre inattendue, qu'il ne put que balbutier des mots sans suite. Sa mère vit dans ce trouble l'indice d'un violent amour, et la belle comtesse l'interpréta de la même manière en sa faveur.

Giampolo embrassa tendrement sa mère, et détourna la tête pour cacher des larmes.

— C'est donc bien décidé, dit la marquise, tu quittes ta mère aujourd'hui ?

Le comte s'arma de toute sa fermeté, essuya furtivement ses pleurs, et répondit affirmativement par un signe de tête.

— Aujourd'hui ! poursuivit la mère ; et à quand le retour ?... Dieu le sait...

— C'est une détermination qui honore monsieur le comte, dit la belle comtesse avec un regard amical et significatif.

— Trop heureux d'être approuvé par vous, Madame, dit Giampolo.

— Mais je t'approuve aussi, moi, mon fils, dit la marquise ; je comprends tes devoirs, et je vois avec orgueil que tu sais les remplir. Seulement, tu me permettras d'avoir la faiblesse d'une mère et de donner quelques larmes à ton départ.

—Ma mère, ne songez qu'à mon retour. J'espère que votre fils ne quittera pas l'armée sans rapporter quelque gloire à votre maison.

— Voilà de nobles paroles, dit la comtesse Rosa, et je serais enchantée d'apprendre que je serais pour quelque chose dans la détermination de monsieur le comte.

Le comte fit un signe de tête affirmatif.

— Je suis fière de cela, poursuivit la comtesse, et cela me dédommage bien des chagrins que m'a causés la dernière fête à cette villa. Car vous saurez, monsieur le comte, que j'ai été indignement calomniée par deux ou trois chastes matrônes de notre Rome chrétienne. On m'a écrit cela; j'en ai eu des nouvelles à Tolentino, dans la marche d'Ancône, où je vivais dans la retraite, et je suis venue, en toute hâte, demander à madame Piranese si j'avais encore son estime.

Les deux dames se serrèrent affectueusement les mains.

— Que vous êtes heureux, vous autres hommes, poursuivit-elle, de savoir vous venger d'une calomnie en mettant la main à la garde de votre épée! oh ! si je pouvais faire accepter un cartel!... mais il faut se soumettre à son rôle de femme, il faut avoir l'héroïsme de la résignation.

— Madame, dit le comte, si parmi toutes ces calomnies il en est une qui soit sortie de la bouche d'un homme, vous n'avez qu'à me citer un nom...

— Merci, noble comte. Gardez votre courage et votre épée pour le service de Joachim Murat. J'ai fait la même réponse à Félice Mattei, qui, malgré ses soixante ans, a mis son épée à mes ordres : il est parti pour rejoindre le roi, et c'est ainsi qu'il m'a obligée.

— Si je n'étais auprès de vous, Madame, et auprès de ma mère, je regretterais les précieux instants que je perds loin de l'armée.

—C'est une noble impatience, monsieur le comte; me permettez-vous de vous aider dans vos préparatifs?

— Tout est prêt, dit la marquise d'une voix émue. Je n'ai plus que quelques ordres à donner à Luigi, vous m'excuserez de vous quitter un instant.

La comtesse se leva, comme pour accompagner la marquise jusqu'à la porte du salon, et elle entra dans le vestibule de marbre, avec une certaine intention, légèrement indiquée, de se faire suivre par le jeune comte.

— Il fait ici un frais délicieux. Monsieur le comte, vous vous rappellerez ces beaux ombrages, quand vous traverserez la plaine brûlante de Ponte-Centino à Radicoffani.

— Oui, Madame, j'emporte bien des souvenirs avec moi.

— Savez-vous que madame votre mère m'a fait une offre charmante? Elle m'invite à passer six semaines à votre villa, avec ma fille.

— Mademoiselle votre fille ne vous a pas accompagnée?

— Mais, monsieur le comte, elle n'est pas encore d'âge à accompagner sa mère; je l'ai laissée à Tolentino avec ma famille... Elle s'est pourtant bien développée depuis votre bal... Elle me vieillit.

— Aujourd'hui elle est encore votre fille, demain elle sera votre sœur.

— Ah! monsieur le comte, c'est très-bien; vous prenez les mœurs françaises; on ne dirait pas mieux à Paris.

En causant ainsi, la comtesse et Giampolo avaient descendu le perron, et ils entraient dans l'allée de peupliers qui mène à l'Anio. Le jeune homme jetait des regards mélancoliques autour de lui, comme pour faire des adieux, peut-être éternels, à l'arbre, aux fontaines, au fleuve, au gazon, à toute cette nature reposée et voluptueuse qui l'avait vu naître et qui semblait l'étreindre comme une seconde mère, et le retenir sous le ciel de Tibur.

Devant ces doux aspects le soldat redevenait sibarite. L'instinct viril de la volupté non satisfaite se réveillait en lui sous le luxurien démon du midi. C'était l'heure où la robe d'une femme glissant à travers les arbres éteint les yeux de l'homme et le brise de langueur. La rosée brûlante de l'amour descendait avec une lumière molle, tamisée par les feuilles; les oiseaux remplissaient l'air de notes claires et veloutées; le fleuve riait avec les iris et les joncs flottants, à ses petites anses recueillies; le soleil embrasait des cassolettes d'aromates sur la colline, comme pour parfumer le lit d'hyménée d'un roi invisible et heureux; la cigale de Virgile proclamait sur les roseaux flétris l'avenue du solstice et les indomptables ardeurs du lion. Le pin laissait tomber à ses pieds son édredon de feuilles sèches; il arrondissait sa tête comme un dôme nuptial, et distillait ses perles de résine, pour en couronner l'épouse attendue, tout ce qui chante dans le ciel, dans les fleurs, sur les eaux, dans les bois, entonnait, avec des voix mystérieuses, l'épithalame des fêtes de Vénus; un vent latin, léger et sonore, tout imprégné de dactyles virgiliens, arrivait de l'Anio et mêlait sa symphonie à ces chants du ciel, à ces voix de l'arbre, à ces parfums du soleil.

En ce moment on entendit un grand bruit de chevaux et de roues sur le marbre de la terrasse. Le comte Piranese tressaillit.

— Il faut donc partir ? dit-il avec tristesse.

Jamais la comtesse Rosa Balma n'avait été plus belle. On aurait cru voir Cécilia grandie et mariée; c'était une admirable ressemblance d'avenir. Le jeune Romain, en extase, adorait la fille dans la mère et attachait sur elle des yeux humides et ardents.

— Il faut donc partir ! dit la comtesse Rosa, et deux larmes coulèrent sur ses joues écarlates.

— Partir ! et l'on est si bien ici !... c'est le Thabor où il faudrait planter trois tentes... Aller en Russie ! au bout du monde... chercher la gloire !... Oh ! je suis cloué par les pieds sur ce gazon !

— Votre mère ! votre mère ! monsieur le comte... j'entends la voix de votre mère... La chaise de poste est attelée... Adieu... Je vous admire... et je vous serre les mains avec bonne amitié... Adieu...

— Un instant, Madame; permettez-moi de vous laisser un souvenir.

Le comte se dirigea lentement vers un petit temple de marbre bâti sur le bord de l'Anio, et, sur un mur luisant et poli comme une immense feuille de papier vélin, il écrivit au crayon les vers suivants, imités d'Horace :

La rose au front et l'amphore à la main,
Horace a dit sur son mode romain :
Maître d'une maison dorée,
Un jour tu quitteras ces lieux,
Tes jardins, la femme adorée,
Doux plaisirs de l'homme oublieux.
Ces beaux arbres que ta main plante
Sans toi verront bien des hivers;
Tes ans sont courts, leur vie est lente,
Tu vieilliras, ils seront verts.
Sur ton cercueil que la mort plombe,
Ils te feront tous leurs adieux;
Nul ne te suivra dans la tombe,
Hormis le cyprès odieux!

La comtesse Balma suivait des yeux l'inscription à mesure qu'elle naissait sous le crayon du jeune homme, et les larmes coulaient sur ses joues. Quand la dernière lettre fut tracée, elle secoua mélancoliquement la tête et dit : C'est bien triste, Monsieur, ce que vous avez écrit là... bien triste !... je l'effacerai...

— Il y a dans ces vers, dit Giampolo, trois cent soixante-cinq lettres, promettez-moi d'en effacer une chaque jour. Mon absence sera d'un an. Vous me donnerez ainsi un souvenir par jour, et vous ferez compagnie à ma mère jusqu'à mon arrivée. Ce sera une consolation pour moi de penser que vous m'attendez ici, avec votre fille, et que vous ne m'oubliez pas.

— Eh! noble soldat de Murat, puis-je vous refuser quelque chose aujourd'hui!.. Oui, nous voilà fixés à la villa Piranese pour trois cent soixante-cinq jours; ayez foi en la sybille de Tibur; à la dernière lettre nous vous embrasserons toutes, glorieux et vivant.

— Songez, Madame, que la dernière lettre de mon inscription, c'est l'X redoutable, c'est la lettre du destin, la lettre de l'inconnu!

— Mon noble soldat, la dernière lettre vous sera aussi douce que la première.

Et elle présenta gracieusement sa joue à Piranese. Le jeune homme embrassa vivement la comtesse. — Tout est-il prêt? demanda-t-il ensuite à sa mère qui arrivait.

La marquise, s'armant d'une fermeté virile, dit à son fils : — Tu n'as plus que ma bénédiction à recevoir, et je te la donne, que Dieu veille sur mon fils bien aimé !

Le comte s'élança dans la voiture en criant au postillon : — Route de Sienne !

Le roulement des roues couvrit les adieux qui se croisaient dans l'air. A la grille de la villa, Giampolo se tourna et aperçut dans le lointain les deux dames qui agitaient leurs mouchoirs dans sa direction. Il coupa au vol deux rameaux de lauriers-rose et les jeta sur l'allée. La comtesse Rosa Balma courut avec l'agilité de Camille l'amazone, mais la voiture tourna derrière un massif d'arbres, et Giampolo ne vit plus rien.

VI.

Nous nous transporterons maintenant bien loin de la villa Piranese. Le comte Giampolo a traversé avec une rapidité merveilleuse toute l'Italie et la moitié de la France ; il a retrouvé à Strasbourg son ami Emile qui dépérissait dans l'attente. Les deux jeunes gens ont passé le Rhin et se sont jetés sur la grande route qui mène à la grande armée. Emile a revêtu le gracieux uniforme des hussards, qu'il porte avec l'aisance d'un enfant de Berchigny; il va s'enrôler volontairement sous les ordres du brave Pajol. Giampolo, en mettant le pied sur la terre étrangère, a repris son uniforme de légionnaire napolitain. Nos deux soldats voyagent en grands seigneurs, semant l'or pour courir plus vite et crevant un cheval à chaque relais; le sommeil, cet ami du voyageur, leur abrège les ennuis de la route; ils ont traversé, en dormant, des cercles entiers d'Allemagne, des royaumes et des duchés; ils se sont réveillés, comme en continuant un rêve, dans Smolensk la ville incendiée, et ils n'ont pu donner qu'un regard de pitié à cet énorme vestige de flamme que la grande armée a laissé en passant. Bientôt l'horizon s'agrandit devant eux, comme pour faire place au pied de l'empereur sur la route de Moscou. La plaine se fait immense et solennelle comme le digne péristyle du théâtre, où la France va jouer quelque drame inoui, et d'innombrables sapins semblent courir vers le nord, comme des géants, pour assister au spectacle prodigieux que la terre annonce au ciel.

Nos deux soldats voyageurs ont dépassé Golowino et Waloniewa; le soleil du 7 septembre jette sur Borodino les teintes d'Austerlitz. — La terre tremble, dit le comte Piranese. — C'est la France qui passe, dit Émile.

— Cinquante napoléons pour tes deux chevaux, dit Giampolo au cocher stupide couvert d'un sarrau blanc qui conduit la voiture. — Accepté.

Et nos deux amis volent comme deux Mazeppa courbés sur le cou de leurs chevaux.

— Le ciel est serein sur nos têtes, la tempête est à l'horizon, dit le jeune Romain.

— Deux mondes se battent, dit Émile, place à nous! un pied de terre pour nous!

Et les éperons sanglants s'émoussent.

Tous les volcans du monde se sont donné rendez-vous sur les rives de la Moskowa; la terre semble se couper en deux parts. Les entrailles de la planète se déchirent; les racines des sapins se hérissent au dessus des gazons; l'air est plein d'échos sublimes; les nuages de la bataille obscurcissent le soleil, comme un voile jeté au ciel par la main de Napoléon; — encore un élan de nos deux cavaliers, — voilà la grande bataille; elle couvre tout le terrain que l'œil peut embrasser. Ce fracas épouvantable, c'est la France qui frappe aux portes d'airain de Moscou; c'est le midi qui brûle le nord. Les deux peuples armés se sont pris aux dents; les deux aigles impériaux se percent de leurs becs d'airain; tout atome est brûlé par une balle; tout sillon d'air est noirci par un boulet; il n'y a plus de place pour la vie; il ne reste qu'une fosse de dix lieues pour la mort.

— Le roi de Naples? Où est le roi de Naples? s'écria le comte Piranese.

— Partout! répondent le carabinier de Lepaultre, l'artilleur de Sorbier, le hussard de Bruyères, le cuirassier de Saint-Germain et de Montbrun, le Polonais de Poniatowski, le grenadier du prince Eugène; — partout! partout!

C'est le moment où Joachim Murat va se mettre à la tête de la cavalerie et prendre la charge pour enfoncer le centre de Kutusoff.

Émile et Giampolo ont laissé leurs chevaux à la lisière de la bataille; ils sont entrés dans un petit vallon où les balles et les boulets se croisent avec tant de furie qu'il semble qu'on peut les voir passer. Là se payane, avec une fatuité sublime, un cavalier surhumain qui fait piétiner son cheval comme aux exercices de l'hippodrome ; on croirait voir le représentant des âges héroïques, ressuscité en ce jour terrible, pour juger si les hommes n'ont pas dégénéré. Il marche tranquillement à travers les feux amis et ennemis, n'ayant d'autre témoin que Dieu qui le regarde et le couvre de l'ombre de sa main ; le vent des balles agite son panache superbe, et rien dans tout ce qui déchire l'air, n'ose toucher sa face de héros.

— Le voilà ! s'est écrié le comte Piranese.

Et les deux amis tombent à genoux devant ce dieu des batailles.

Un sourire charmant anima le visage de Joachim Murat : il tendit ses mains aux jeunes gens et les serra.

— Et d'où venez-vous, enfants? leur dit-il d'une voix assez forte pour se faire entendre dans le fracas de la bataille.

— De Naples ; je viens de Naples, dit Giampolo les larmes aux yeux.

— Oh ! laissez-moi vous serrer encore la main pour avoir prononcé ici ce nom adoré ! Laissez-moi toucher vos cheveux qui sont encore parfumés du golfe de Baïa ! Vous venez de Naples ! et Caroline, ma chère Caroline ! vous l'avez vue? Oh ! Naples et Caroline ! tout ce qu'il y a de doux et de beau dans l'univers !

Le comte Piranese présenta la lettre de la reine à Joachim Murat.

Le roi prit la lettre avec la vivacité d'un amant, la couvrit de baisers, et la lut avec des larmes à la paupière.

— Elle me recommande de ménager mes jours, dit-il ; et un sourire mélancolique contracta son visage ; et il étendit ses mains vers les batteries russes et françaises qui dévastaient les sapins à côté de lui.

— Que venez-vous faire ici, enfants ? Repartez tout de suite ; il y a des dangers aussi à Naples et de la gloire, et je n'y suis pas !

Le roi tira d'un fourreau de sa chabraque une feuille de papier et un crayon, et il écrivit à la hâte quelques lignes.

— Voilà ce que j'écris à la reine, dit-il à Piranese, lisez :

« Le comte Piranese a été nommé capitaine « dans les légionnaires du roi de Naples sur « le champ de bataille de la Moskowa. »

— Votre Majesté, dit Giampolo, a oublié de signer.

— C'est juste, mon ami ; je vais signer.

Et le roi de Naples déploya la feuille et la tint suspendue par dessus la tête de son cheval.

— La voilà signée, dit-il en riant.

Trois balles avaient troué le papier.

— Vous, Émile, continua le roi, accompagnez votre ami; je songerai à vous. Voici, maintenant, une lettre pour la reine, je l'ai écrite hier soir, et une dépêche pour le brave San-Giovanni. Je ne puis choisir deux courriers plus agiles et plus dévoués. Suivez mes ordres ponctuellement : adieu, mes enfants, donnez-moi vos mains; adieu, je vais battre Kutusoff.

Et il courut au grand galop vers les lignes françaises.

— Maintenant, dit Émile, ayons bien soin de ne pas nous faire tuer, avec nos dépêches.

— Ce sera difficile, dit Giampolo; nous sommes dans la mort jusqu'au cou.

— Le roi de Naples ne doute de rien ; nous n'avons pas été trempés dans le Styx de son royaume comme lui. A-t-on jamais compromis deux courriers de la sorte ?

— Il faut nous cuirasser de ses lettres, et côtoyer les balles avec précaution.

— En avant! à la garde de Dieu et de Murat!

En deux bonds ils se trouvèrent au plus fort de la bataille, au pied de la grande redoute, colline de feu, inabordable, comme le cratère de l'Etna en éruption. Les clairons des cuirassiers se faisaient encore entendre dans le fracas des batteries; la charge sonnait, le premier escadron s'élançait de la plaine sur la redoute avec une furie d'assaut irrésistible. Il y avait là des chevaux sans maître qui couraient à l'aventure ; nos deux jeunes gens, entraînés par le démon de la bataille, montèrent à cheval et se mêlèrent aux cuirassiers de Caulincourt. En ce moment, il semblait que tous les tonnerres du ciel déracinaient la colline, les chevaux étaient lancés en avant par les convulsions du terrain, plutôt que par l'éperon de leurs maîtres. Les cavaliers, courbés sur les crinières, laissaient couler sur le dos des cuirasses un fleuve de balles. Toutes ces armures luisantes au soleil s'agitaient comme des vagues d'argent, et leur ascension rapide était merveilleuse à voir. Ainsi tombèrent ces hommes de fer, de bas en haut, sur les batteries aériennes ; ils broyèrent les chevaux de frise, ils franchirent les fossés comme une cavalerie d'hippogriffes, ils refoulèrent les derniers boulets dans la gueule des canons, ils éteignirent le volcan.

Émile et son ami s'embrassèrent de joie au sommet de la redoute conquise.

Le jeune Romain avait pris un drapeau, et, dans l'ivresse de sa victoire, il ne s'apercevait pas qu'il avait reçu un coup de feu à la tête.

— Mon ami! s'écria Émile, ce n'est pas du sang moscovite qui coule de ton front! tu es blessé!

— Impossible! dit le comte en riant.

— Tu es blessé à la tête, te dis-je; viens, courons à l'ambulance.

— C'est une égratignure ; ne t'alarme pas.

— Tu es couvert de sang! obéis-moi ; au nom de ta mère, viens!

En arrivant au pied de la redoute, ils virent un officier d'ordonnance qui descendait de cheval et examinait les uniformes des militaires de toute arme qui entouraient le cadavre du général Montbrun. L'aide-de-camp cherchait le comte Piranese :

— Capitaine, lui dit-il en le reconnaissant à peine sous la poussière et le sang qui le couvraient ; capitaine, Sa Majesté le roi de Naples vous envoie aux arrêts pour quinze jours au château de l'Œuf, et Sa Majesté l'Empereur vous donne la croix ; la voici.

Et l'officier de Murat remonta brusquement à cheval et disparut.

Les deux amis gardèrent quelque temps un silence de stupéfaction.

— Nous voilà brouillés avec le roi de Naples ! dit Émile.

— Il faut partir tout de suite.

— Et ta blessure ?

— Je la guérirai au château de l'Œuf. Quel homme admirable ! quel roi ! les arrêts et la croix d'honneur ! C'est bien Achille avec sa lance qui blesse et guérit !... Tiens, regarde, mon égratignure ne vaut pas le coup d'œil d'un chirurgien. J'ai heurté de front une balle morte, c'est tout.

—Que dis-tu, mon ami? Ton front est tout sillonné ; tu as comme une ride horizontale de sang....

— Partons, te dis-je ; il y a déjà bien assez d'une insubordination ; cette fois, il faut obéir. Nous avons des dépêches du roi ; nous avons une rude campagne à faire sur le littoral de l'Adriatique et de la Méditerranée, et nous sommes encore à Moscou !

— Mais au moins fais-toi panser ; crois-tu que tu guériras ta blessure en essuyant le sang avec les plis de ton drapeau russe ?

— Les blessés font queue à l'ambulance ; il n'y a pas de place pour moi ; je vais me panser ; aide-moi ; vite , ton foulard, le mien , en double bandeau sur le front ; en cinq minutes le sang est étanché. Les blessures à la tête sont toujours insignifiantes, quand elles ne tuent pas. A la première étape j'ôterai le premier appareil, et nous dînerons. Viens, allons reprendre nos chevaux.

La bataille rugissait toujours. D'immenses nuages de fumée s'élevaient des plateaux où les cavaliers de Grouchy et les Polonais de Poniatowski continuaient la victoire. Les canons de Lariboissière, de Forestier, de Sorbier, tonnaient comme une artillerie de fête pour célébrer le nouveau baptême militaire du prince de la Moskowa.

Nos deux amis ont repris la route de Wilna. Ils sont tout fiers d'avoir assisté à la grande bataille, et passent avec des airs de vainqueurs sur le territoire ennemi. Mais bientôt la gaîté de l'un fait défaut à la gaîté de l'autre. Le comte Piranese a lutté long-temps avec toute la puissance de sa raison et de sa jeunesse contre la blessure qu'il a reçue à la tête ; une fièvre violente l'a saisi après quelques jours d'un voyage souffrant ; sa pâleur et son abattement ont trahi le mal intérieur, et des paroles délirantes, tombées sourdement de sa bouche, alarment son ami, car elles semblent révéler une altération dans les facultés mentales du blessé.

Les deux voyageurs étaient porteurs de dépêches importantes adressées au comte Daure, ministre de la guerre de Joachim Murat ; si l'un d'eux devait mourir, il fallait que l'autre arrivât : telles étaient les exigences du devoir. A Wilna, le comte Piranese se trouva dans l'impossibilité de continuer sa route. Émile fit appeler à l'auberge où ils étaient descendus deux médecins, les plus habiles qu'il put trouver, et leur confia son ami. Un jour de repos, quelques heures de sommeil et les soins de l'art chassèrent le délire du cerveau du malade; Émile eut la consolation d'apprendre que les jours du blessé n'étaient pas en péril.

— Je connais mon état mieux que les médecins, dit Giampolo à Émile : ce voyage brûlant depuis Borodino m'a fait plus de mal que le plomb russe; il me faut du repos. C'est à toi d'accomplir la mission dont j'étais chargé. Pars, pars sur-le-champ; songe que nous avons peut-être commis un crime en perdant vingt-quatre heures. Tu peux réparer ce retard forcé en courant la poste nuit et jour, d'un train de roi. Ne fais qu'un bond d'ici à Naples. Quand tu auras rempli ton devoir, tu iras à Rome; tu verras ma mère; je n'aurai que la force de lui écrire deux lignes; tu mettras cette concision épistolaire sur le compte de la vie active des camps; tu lui cacheras ma blessure; tu ne lui parleras que de ma croix d'honneur reçue à la Moskowa. Voilà tout; embrasse-moi, et que Dieu te donne un voyage heureux!

Émile, debout devant le lit du malade, écoutait attentivement et semblait ne pouvoir consentir à une cruelle séparation.

— C'est ainsi, mon cher ami, poursuivit Giampolo; il faut se résigner aux nécessités de la vie militaire. Il n'y a pas à balancer un moment.

— Je partirai, dit Émile d'une voix faible et avec des yeux humides ; je partirai.

—Ne parle pas au futur, mon ami ; toutes ces minutes perdues sont des fautes.

— Je voudrais consulter les médecins.

— Consulte ton devoir. Les médecins ont déclaré que je ne puis me remettre en route qu'après un mois de repos. Veux-tu m'attendre un mois ?

— Impossible.

— Alors il n'y a pas à balancer.

— Je le sens bien, mon ami.

— Tu n'as donc plus qu'à demander tes chevaux.

Émile se raidit convulsivement sur ses pieds, comme pour appeler sa force physique au secours de son moral défaillant, et dit d'une voix mouillée de larmes — Je vais partir.

Le comte Piranese tendit sa main vers la main de son ami.

— Tu es toujours brûlant, mon cher Pira.

— Comment veux-tu que je sois ? La fièvre n'a pas deux manières de s'exprimer.

— Souffres-tu beaucoup ?

— Non, il est impossible de mieux se porter quand on est malade. La nuit, je fais des rêves délicieux. En dormant, je suis tout à fait en bonne santé. Je me promène sur les bords de l'Anio, sous mes beaux peupliers; je danse au son d'un orchestre de canons, avec une Cécilia de quinze ans; je vois la belle comtesse Rosa en amazone, l'épée à la main, emportant d'assaut la grande redoute en me donnant un baiser sur le front. Émile, tu verras ces deux femmes charmantes avant moi. Que tu es heureux!

Les deux amis se serrèrent fraternellement les mains, et quelques minutes après, on entendit un grand bruit de chevaux et de roues dans la grande rue de Wilna.

Émile était parti.

VII.

DE GIAMPOLO A ÉMILE.

Posen, 10 janvier 1813.

MON CHER ÉMILE.

J'aime à croire que tu as reçu mon billet de convalescence, daté de Wilna, et deux lettres que je t'ai écrites à Rome, de Kœnigsberg et de Varsovie. Dans les grands désastres publics, il y a toujours quelques éclaboussures pour les hommes obscurs et isolés. Je suis aussi malheureux que la grande armée. Tu dois savoir que le roi de Naples m'avait fait à Wilna l'accueil le plus glacial. Le général Loison m'avait vivement conseillé d'attendre le roi pour me justifier devant lui de la double faute que j'avais commise en prenant un drapeau et en recevant une balle au front. Mon plaidoyer n'a pas été heureux. A Kœnigsberg et à Varsovie, j'ai recommencé à faire de nouveaux efforts pour rentrer en grâce. Joachim Murat, qui est si bon, s'est fait certainement violence pour continuer à garder envers moi le visage sévère d'un chef devant un soldat désobéissant. Je n'ai pu supporter plus long-temps cette disgrâce, j'ai mieux aimé rompre tout à fait, et j'ai écrit au roi une lettre respectueuse, mais ferme, dans laquelle j'ai donné ma démission. Je vais suivre l'armée en amateur jusqu'à Mayence, et cette désastreuse campagne finie, je rentre dans mon pays qui me paraît si beau maintenant. Réponds-moi par duplicata à Leipsick et à Mayence; donne-moi des nouvelles de ma mère et de tout le monde. Adieu.

Comte Piranese.

D'ÉMILE A GIAMPOLO.

Rome, 1er février 1813.

Les évènements politiques se sont succédés rapidement depuis mon arrivée à Naples, où j'ai fait un assez long séjour. J'ai pris part à quelques opérations militaires, par ordre du comte Daure, sur le double littoral du royaume. Excuse-moi de passer sous silence mes petits exploits particuliers. L'absence du roi se fait toujours vivement sentir ici. L'Angleterre bloque et menace, un pied sur l'escadre, l'autre sur le continent. De tous côtés on se demande où est Joachim Murat. Un seul cri d'Achille lancerait les ennemis sur leurs vaisseaux.

Ta mère est fière de toi, elle se réjouit de son fils, elle est calme et forte en ton absence ; elle a le courage des femmes antiques. Ce noble caractère a séduit la comtesse Rosa Balma, notre Bellone della piazza di Venezia. Ces deux dames se sont liées de l'amitié la plus vive, elles ne se quittent plus. Tous les jours je les accompagne dans leur promenade à villa Piranese. La comtesse Rosa s'est soumise à ce pélerinage quotidien, pour effacer une lettre, une virgule ou un point de tes stances du pavillon de l'Anio. Il y a encore beaucoup de lettres, de virgules et de points à effacer, avant d'arriver à la lettre de l'inconnu, l'X final. Je soupçonne fort la comtesse d'avoir un faible pour un capitaine décoré. Aussi je la regarde respectueusement, cette adorable comtesse, et je ne lui parle, sous les arbres, que de la bataille de la Moskowa.

. . . .

Cécilia est un astre qui se lève sur l'Anio; c'est le soleil d'été à cinq heures du matin; encore quelques degrés d'ascension, et cette flamme de beauté embrasera tout. Tu ne saurais croire avec quelle précaution je marche dans cette atmosphère dangereuse. Je garde à vue mes yeux, mon cœur, mes mains. A chaque instant je prononce les noms de Moscou et de Saint-Pétersbourg, afin de donner le change à quelque passion embusquée sous un pin de la villa, et qui m'attend au passage, à midi, l'heure des incroyables désirs. Carybde et Scylla se sont faits femmes, et je louvoie entre ces deux écueils, me préservant de l'un et de l'autre, en les regardant tous les deux à la fois. Tu me mettrais bien à l'aise si tu revenais avec quelque amour du nord, quelque image blonde ciselée au cœur et rapportée de Varsovie ou de Berlin. Mon Dieu! qu'il est aisé de vivre en paix avec ses sens du côté de la Russie! Mais ta villa est inhabitable pour la vertu; je comprends saint Jérôme maintenant. Reviens-nous bien vite, mon cher Pira;

je ferai un choix, je me résigne à aimer ce que tu m'aimeras pas. Reviens promptement, ou j'expire de vertu.

ÉMILE DUTRETZ.

P. S. J'attends ici les ordres du roi.

VIII.

Nous ne suivrons pas le comte Piranese au milieu des désastres et des victoires de 1813. Ce n'est plus qu'un voyageur traversant silencieusement l'Allemagne au bruit du canon et aux clartés des incendies. Le jeune philosophe romain a vu passer sous ses yeux cette histoire vivante d'un empire qui s'écroule ; il rapporte à son pays un trésor d'expérience, et dégoûté du monde, il se retirerait volontiers au fond d'un cloître, s'il ne sentait gronder en lui une tempête de passions charnelles qui l'entraînent vers un monde tout plein de voluptés.

Un matin du mois d'août, la grille de la villa Piranese s'ouvrit devant un cavalier.

C'était un jeune homme de mâle et grâcieuse tournure militaire. Sa figure avait cette pâleur nerveuse que rehaussent si bien des boucles de cheveux noirs et une moustache d'ébène finement ciselée. Il était vêtu d'une belle polonaise bleue à brandebourgs de soie, et le ruban négligemment noué sur le cœur complétait le costume et annonçait le soldat.

Le comte Piranese rentrait sur ses terres. Hélas! depuis le retour de Marcus Sextus à Rome, jamais la désolation extérieure ne peignit mieux la désolation du foyer domestique aux yeux du voyageur qui allait vers sa famille, après une longue course dans les pays lointains.

Le comte fut frappé de cette tristesse, et il s'arrêta au milieu de l'allée, jétant autour de lui des regards mélancoliques, et prêtant l'oreille à je ne sais quel vague murmure de pressentiment sinistre qui était dans les airs et dans lui.

Les croisées de la villa étaient fermées,

comme en l'absence des maîtres. Sur la terrasse, l'herbe encadrait les dalles de marbre, et sur les allées il y avait du gazon abondant, comme la pelouse grasse d'un *Campo-Santo*, où personne ne passe plus par respect. Au parterre, on remarquait un luxe effrayant de roses, d'œillets, de cassies, de jasmins d'Espagne, et, tout autour de petits arbustes, un amas prodigieux de feuilles et de fleurs qui étaient mortes sur tige, et tombées sans avoir passé par les lèvres d'une femme ou les vases odorants du salon. Une mousse épaisse avait envahi les masques païens qui jetaient l'eau vive aux fontaines ; on aurait dit que les naïades de l'Anio, saisies de quelque grande douleur, s'étaient réfugiées au loin, en laissant sur les bassins verdâtres de la villa un long voile funéraire de feuilles de nénuphar.

Depuis long-temps le comte Piranese n'avait reçu des nouvelles de Rome, et il s'alarma de toute cette tristesse et de ses pressentiments.

Les âmes les mieux trempées n'osent souvent pas aborder de front une émotion trop forte qu'une cause inconnue leur prépare ; elles ont besoin d'une sorte de noviciat qui donne le loisir d'appeler à l'aide toutes les ressources du cœur et de la raison.

Le comte Giampolo s'enfonça dans les massifs d'arbres à droite, vers l'Anio, descendit de cheval, et marcha vers ce pavillon de marbre dont la comtesse Rosa avait fait, l'an passé, un autre temple de la Sibylle.

Les marches de la rotonde étaient vertes

de mousse naissantes; on y remarquait pourtant la trace d'un pied divin qui avait conservé, sur un seul point, au marbre sa première blancheur.

— Toutes les lettres sont effacées, dit le comte, toutes...

— Moins une! dit une voix qui semblait sortir de l'Anio comme une plainte sibylline.

Giampolo recula comme le pasteur de Tibur devant une froide couleuvre: le frisson l'avait glacé jusqu'à la moëlle des os.

Une grande touffe de joncs à moitié flétris sembla se diviser d'elle-même sur les bords du fleuve, et Giampolo vit se lever d'entre les rameaux une femme! une femme belle comme le fantôme de la volupté qui se baigne à midi dans l'Anio!

— C'est vous, Madame! s'écria le jeune Romain; et il fléchit le genou devant la comtesse Rosa.

L'adorable femme avait les cheveux en désordre ; sa toilette était bizarrement négligée, sa figure était pâle, ses yeux étaient rouges, comme des yeux qui ont versé toutes leurs larmes, et qui n'ont plus que du sang à donner aux extrêmes douleurs.

— Je suis prêt à entendre un malheur, dit Giampolo haletant, parlez... ma mère...

La comtesse prit les mains du jeune homme, et secoua la tête.

— Votre mère est en pleine santé ; ne vous alarmez pas, Monsieur ; et quelle sera sa joie de revoir son fils vivant !.... C'est moi, Monsieur, c'est une autre mère qu'il faut plaindre. Ma fille...

Les sanglots arrêtèrent la parole sur ses lèvres. Giampólo agitait ses mains convulsives, et regardait la comtesse avec un visage fiévreux.

— Ma fille Cécilia ?... Pauvre enfant !

— Morte ! s'écria le jeune homme.

— Non... non... elle vit... mais... sa mère elle-même ne la reconnaît pas ! Une maladie affreuse me l'a dévorée, en ne me laissant que son squelette... Et de plus... ma pauvre

Cécilia est aveugle... ses beaux yeux se sont fermés... C'est plus cruel que la mort!... cent fois plus cruel!.... Vous pleurez, Monsieur!.... Oh! voilà des larmes qui me font un peu de bien!.... Je n'ai plus de larmes, moi... laissez-moi pleurer avec les vôtres!.... Et votre mère aussi a tant pleuré!.... Quelle excellente femme!.... Venez, venez, Monsieur, venez lui donner vite un peu de joie... Ah! il y a bien long-temps que la joie est bannie de cette maison..... Aussi, voyez... écoutez... quel silence partout! quel deuil partout!.... Il n'y a plus d'oiseaux à Tibur depuis que ma fille ne chante plus!.... Vous souvenez-vous de ce bal, ici, sous les arbres?.... Alors comme elle était belle, ma Cécilia!... dites?..

— Oh! Madame! un peu de pitié pour

vous... et pour moi... vous me fendez le cœur.

— Que je vous rends grâces ; Monsieur, de ce tendre intérêt que vous portez à une pauvre mère !

— Ah ! Madame... c'est que...

En ce moment, et comme ils arrivaient sur le perron, la persienne de la maison se leva, et la marquise Piranese se trouva dans les bras de son fils. Il y eut encore beaucoup de larmes versées. On entra au salon.

Là, un spectacle affreux attendait le jeune comte.

Une main de la comtesse, dont le regard

n'osait suivre l'indication, s'étendit vers une chaise longue où dormait Cécilia. La terrible maladie qui, à cette époque, frappait encore les enfants et les adolescents, avait impitoyablement dévasté la figure de la jeune fille, en la constellant de hideux bourgeons écarlates. Ce corps, autrefois si voluptueusement pressé par la mousseline, était aujourd'hui emmailloté comme une momie. Partout l'étoffe avait pris la place de cette chair savoureuse qui venait de se fondre dans les ardeurs de la fièvre. Le squelette perçait à travers chaque pli; deux muscles secs et violacés attachaient la tête aux épaules flétries, et remplaçaient un cou divin ouaté par l'amour. Les bras de la jeune demoiselle, étendus dans la langueur du sommeil, paraissaient d'un jet démesuré, tant ils étaient raidis par la maigreur! Deux tumeurs d'un vif sanguinolent plombaient ses paupières, en fermant à jamais les yeux au doux éclat du ciel romain. La maladie avait moissonné ses cheveux blonds, comme si les faucilles du mois d'août eussent passé dans les épis d'or qui couvraient la tête de la belle enfant.

C'était un tableau fort triste, dans un encadrement bien gai. Les deux dames et Piranese, debout et silencieux, contemplaient Cécilia endormie. Autour d'eux, sur les larges panneaux des murailles, illuminés par les atomes de feu qui jaillissaient d'une vitre, mille joyeuses figures de femmes, peintes à fresque, par Luca Giordano, dansaient aux fêtes de Pan, aux noces de Vénus, au triomphe d'Amphitrite, et rappelaient les plus charmantes scènes de l'Olympe, de la terre et de la mer.

Giampolo laissa tomber un regard mélancolique sur la comtesse Rosa, et témoigna par signes qu'il lui était impossible de supporter plus long-temps ce douloureux spectacle : il sortit du salon, en marchant sur la pointe du pied ; et alla s'enfermer dans son appartement.

La chambre de Giampolo étoit décorée d'un grand tableau de Louis Carrache, représentant le retour de Marcus Sextus dans ses foyers.

— Noble histoire! noble ville, dit-il en regardant ce tableau, il n'est pas une douleur humaine que Rome n'ait prévue! A quelque cri d'angoisse qui se fasse entendre autour d'elle, toujours elle peut répondre : J'ai poussé ce cri avant toi. La plainte semble interdite à l'homme sur cette vieille terre qui a épuisé la langue des lamentations.

Et brisé de fatigue, de douleur, d'émotion, il s'assit en face du tableau consolateur, résigné comme le dernier des stoïciens, et riant à son destin.

Alors commença dans la villa Piranese une série de jours lugubres, pleins d'ennuis intolérables, et qui ne laissaient entrevoir dans l'avenir que la répétition des mêmes tableaux désolants, des mêmes entretiens éplorés. Giampolo ne voyait sa mère et la comtesse qu'aux heures de réunion obligée; il évitait surtout la pauvre Cécilia, sans jamais oublier pourtant, chaque matin, d'arrêter le médecin au passage, pour s'informer de l'état de la malade. La réponse de l'homme de l'art ne donnait ni consolation ni espoir.

Le médecin répétait sans cesse que la maladie s'était compliquée de la fièvre des Marais-Pontins; que le sang était en dissolution, et qu'un miracle seul pouvait conserver la jeune fille, mais aveugle et rachitique.

Le comte frappait son front avec violence, et regagnait sa chambre, où il se replongeait dans ses ennuis.

Un soir, comme il se promenait sous les peupliers, en donnant audience à une pensée singulière qui lui était venue à défaut de consolation, la comtesse Rosa l'aborda.

— Vous ne savez pas, Monsieur, lui dit-elle, que je souffre deux grandes douleurs. Vous connaissez la première; l'autre, la voici. Ma mauvaise étoile a voulu que je portasse la désolation dans votre maison : vous étiez si heureux autrefois dans votre beau palais de Rome et dans cette villa charmante; je suis venue, moi, vous visiter, et la tristesse est entrée dans vos demeures. Vos amis, trompés par d'absurdes calomnies, se sont éloignés de vous à cause de moi, comme si les mœurs italiennes étaient encore celles du bon temps virginal de Saturne et de Rhée. Mes conseils ont séparé le fils de la mère, pendant une année, moins un jour. Ma pauvre fille, en venant de Tolentino à Rome, a gagné la fièvre des maremmes, et, en arrivant ici, elle a été saisie par une autre maladie bien plus cruelle qui l'a dépouillée de la forme humaine. C'est donc moi qui vous ai fait tout ce trouble, tout ce bruit de pleurs et de souffrances autour de votre foyer. Cela est injuste, et je dois y mettre un terme. Il est de mon devoir de me révolter contre les bontés de madame votre mère; je saurai prendre un parti.

— Le seul parti, Madame, que vous puissiez avoir l'intention de prendre, je crois l'avoir deviné... Vous voulez quitter la villa Piranese.

La comtesse fit un signe affirmatif.

— Et vous avez compté, Madame, que ma

mère et moi nous consentirions à votre départ?

— J'espère, Monsieur.

— Jamais, Madame. Ceux qui vous ont calomniée resteront chez eux et nous honoreront de leur absence; je ne les regrette pas. La villa Piranèse sera l'infirmerie de votre fille, aujourd'hui et toujours; je serai la bâton de cette pauvre aveugle. Vous, Madame, vous serez l'amie de ma mère, et vous aurez toujours sa première caresse à son lever. Eh! mon Dieu! qu'avons-nous besoin de folle joie et d'éclats de gaîté pour vivre? Les chagrins incurables ont leur charme; nous prendrons la vie comme elle est, une énigme triste avec la mort au bout. Nous laisserons le soleil rire à notre porte et le fleuve chanter à nos arbres;

nous aurons des larmes pour vous, Madame, et nous ne vous consolerons pas.

— Je n'attendais pas moins de votre noble caractère, Monsieur; mais songez bien que vous êtes jeune, que vous vous devez à la société et à votre pays; le jour va venir où vous quitterez votre mère, et avec vous s'évanouira de nouveau ce rayon de force morale que la présence d'un homme répand toujours dans une maison désolée. Nous nous retrouverons encore, votre mère et moi, face à face, douleur contre douleur; elle, tremblant pour un fils, moi, pour une fille; deux mères en proie aux mêmes angoisses; n'osant se plaindre l'une à l'autre; n'osant pleurer, n'osant sourire, de peur d'attrister une amie par l'expression d'un sentiment qui ne serait pas le sien.

— Mais, Madame, je ne songe pas à quitter la maison; au contraire, jamais la vie domestique n'eut plus d'attraits pour moi; je veux être le compagnon de votre douleur, je n'ose dire votre ami, Madame.

. . . .

— Eh! pourquoi n'oseriez vous prendre ce titre?... Croyez que, depuis le moment de votre arrivée, je suis pénétrée de votre reconnaissance pour l'intérêt de larmes et d'émotion que vous avez témoigné à ma fille; un père, un frère n'eussent pas fait davantage. Si vous saviez combien de pareilles marques d'affection désintéressée agissent sur le cœur d'une mère! Un amant n'aurait pas été plus désolé, si ma Cécilia avait pu être aimée d'amour, lorsque vous l'avez quittée, la pauvre enfant! Oui, Monsieur, vous m'appellerez votre amie;

ce titre m'honore; ma main n'a jamais serré une plus noble main que la vôtre. Si, dans le malheur consommé, un seul rayon peut raviver une âme, on ne peut le trouver que dans le regard des amis qui compatissent à nos douleurs.

—

Le comte Piranese serra les mains de Rosa Balma, et les mouilla de larmes. Il se releva pour parler, et ce qu'il allait dire lui coûtait tant d'efforts surnaturels, qu'il ne put trouver une tournure convenable; mais la comtesse osa remarquer, en elle-même, que ce trouble provenait d'un sentiment plus vif que l'amitié. Quelques scènes antérieures, toujours présentes à la mémoire de la belle comtesse, l'avaient d'ailleurs assez prédisposée à croire qu'elle interprétait, cette fois, à sa juste valeur, le silence expressif et la réserve du jeune Romain. Aussi, pour le mettre à l'aise et l'abandonner à ses réflexions, elle prit un prétexte et le quitta sans ajouter un mot de plus.

C'est alors que Giampolo, isolé dans sa villa, aurait eu besoin d'un ami pour lui faire une singulière confidence, voir de quel œil elle serait reçue, et la juger ainsi au point de vue d'un indifférent : malheureusement, Émile Dutretz était bien loin. Une lettre du jeune Français, reçue la veille, se terminait par ces mots désespérants : *Le dernier décret du sénat, qui n'est pas le sénat romain, appelle aux armes tous les Français de 18 à 60 ans. J'entre avec l'épaulette d'officier dans les chasseurs de la garde. Quand nous reverrons-nous? Dieu le sait! Adieu.* Émile allait jouer son rôle obscur dans le dénouement sublime du drame impérial. Le comte de Piranèse n'avait pas d'autre ami, et il se vit contraint de ne prendre conseil que de lui-même dans la plus étrange circonstance de sa vie. Il y avait encore à la villa trop de fracas et d'émotion autour de lui pour qu'il pût réfléchir avec calme et arriver à une détermination par une longue pensée recueillie. Aussi, après avoir parlé seulement à sa mère de quelques affaires d'intérêt qui l'attendaient à Rome, il quitta la campagne, et se réfugia dans son palais désert.

La solitude est la sourde conseillère des passions. Le jeune homme qui s'environne de silence et d'isolement pour penser à une femme, la retrouve partout, et mille fois plus dangereuse éloignée que présente. Le comte

Piranese se refusait à l'idée d'aimer Rosa Balma, lui qui était arrivé de l'armée tout brûlé d'amour, tout fiévreux de désirs pour Cécilia grandie. Parfois il croyait commettre une action déshonnête en abandonnant ainsi une jeune fille, coupable seulement d'un malheur qui avait flétri sa beauté; ensuite, il s'accordait à lui-même un pardon facile, en songeant que ce bizarre amour, voué à l'avenir d'une belle enfant, avait été un secret pour elle et pour tout le monde, et qu'ainsi le scrupule le plus exigeant ne pouvait demander réparation d'un tort qui n'existait pas. De Cécilia, hélas! à jamais déshéritée de toute adoration, il remontait à l'éblouissante image de la mère; souvent, par une de ces illusions qu'on aime à se créer dans une faute, il se persuadait que la comtesse Rosa avait toujours été l'unique objet de sa passion, et que cet impossible amour, qu'il croyait avoir mis sur la tête d'un enfant, avait été excité en lui par une divinité si majestueuse, qu'elle obligeait l'adorateur à détourner les yeux et à chercher un objet terrestre dans le voisinage de son piédestal. Et quand il se rappelait le bal de la villa, où des bouches calomnieuses avaient osé flétrir l'honneur de cette femme, à cause de lui, oh! alors, il n'hésitait pas à donner une réparation éclatante que le devoir lui eût dictée à défaut d'amour; il se disposait à offrir sa main à celle qui avait été soupçonnée dans sa vertu, en s'applaudissant d'agir en honnête homme bien plus qu'en homme passionné. Cette résolution prise, il sortait de son palais pour courir à la villa, et se mettre aux pieds de la comtesse, puis il s'arrêtait aux portes de Rome, épouvanté à l'idée de ce mariage improvisé, de cette union indissoluble qui brisait un avenir de gloire, de voyages, de plaisirs, d'ambition, qui l'enchaînait, à vingt-cinq ans et pour toujours, au bras d'une femme, et devant le fantôme de cette pauvre Cécilia sur laquelle il fallait pleurer éternellement.

Cette lutte intérieure de passion et de résistance le suivait partout, et sans trêve.

L'ardent jeune homme cherchait en vain un remède à l'énergie de son organisation ; le démon des sens étouffait la sagesse de l'esprit. Il voyait toujours l'adorable comtesse dans ce rayonnement de beauté victorieuse qui éblouissait les yeux d'un homme et les éteignait de langueur; il s'arrêtait, croisant les bras, et lui souriant comme si elle eût été présente, et il frissonnait de joie en la retrouvant si radieuse avec ses grands yeux bleus sur un visage rose et sous des cheveux noirs, avec sa carnation exquise, sa taille charmante, sa robe indiscrète, son spencer plein de volupté. Une frénésie convulsive s'emparait de lui, et ses yeux lançaient des éclairs à l'air vide où il venait de placer un instant l'image d'une femme; et puis il s'effrayait de lui-même et se jetait dans la foule, pour voir si parmi ceux qui passaient il s'en trouvait un seul qui parût dévoré des mêmes désirs.

La foule des villes est toujours faite de gens sereins et calmes. Le jeune Romain la regardait couler devant lui comme une rivière innocente que le moindre froid peut glacer.

Dans cette noble cité des distractions puissantes, il errait çà et là, demandant aux objets des pensées étrangères au tumulte de ses sens. Il se souvenait qu'il était artiste, et il montait au musée Capitolin, pour étudier les éternels modèles antiques exhumés des cimetières de Théodoric.

Ces asiles de silence, de fraîcheur et d'ombre; ces cours intérieures, pleines de sarcophages et de hautes herbes; ces jardins où pleure dans la mousse une naïade invisible; ces péristyles solitaires des musées romains sont plus dangereux à traverser que le Corso bruyant du peuple.

Dans ce mystérieux chaos de pierres saintes et de gazon vierge voués à l'oubli et à la solitude, il y a encore de charnelles pensées qui brûlent; il y a des atomes de feu qu'on aspire, et qui empoisonnent l'âme : c'est la fatale influence du désert, le grand désert qui se tait et s'incendie autour de vous, afin de mieux vous faire entendre la tempête intérieure de votre passion, mille fois plus ardente que l'atmosphère de midi.

Le jeune Romain montait ces escaliers sonores, où chaque niche encadre le buste d'une femme qui, la tête penchée et le sein nu, sourit au passant, comme une courtisane au balcon; il entrait dans les tranquilles salles où le bruit de ses pas semblait réveiller un peuple de statues, rangées sur deux files pour le regarder. Des cascades d'atômes lumineux pleuvant des hautes vitres inondaient ces images; on eût dit que le ciel romain leur envoyait le souffle qui donne la vie et la parole, dans une pluie de langues de feu. Alors le gladiateur blessé semblait désigner avec son épée l'amphithéâtre de Titus, par dessus les ruines du Forum voisin; Pompée semblait donner une larme à Jules-César tombé à ses pieds; Adrien regardait Antinoüs avec des yeux vivants; Marc-Aurèle, Septime-Sévère et Antonin semblaient faire entre eux un entretien sublime sur la nature des choses et des dieux. Devant ces héros et ces sages, Piranese passait avec un regard indifférent; en vain essayait-il de faire violence à sa pensée pour la ramener aux études sérieuses de l'art et de l'histoire; il se laissait enchaîner, comme un esclave d'Amathonte, au piédestal de la Vénus capitoline; et bravait le regard austère de Marcus Brutus, debout à côté de la déesse et méditant sur la vertu. La divine statue vivait sous son épiderme de marbre; à l'heure où les adorateurs arrivent, elle emprunte au soleil, son amant, toutes les nuances de la nudité; dans ce temple de jaspe et de porphyre, elle se pare de tous les reflets que le prisme de midi décompose sur ses formes célestes; elle se révèle dans toute sa grâce de femme; elle sourit naïvement de se voir si belle, comme une jeune fille sortant du bain; elle secoue sa chevelure parfumée de nard et de cinnamome, comme une reine qui passe du gynécée au lit nuptial. L'artiste romain, le noble Piranese, subjugué par une illusion délirante, mettait une autre femme sur ce piédestal, il la regardait vivre, il écoutait son souffle, il respirait le parfum de ses cheveux, il souriait à son sourire, il suspendait sa lèvre à ses pieds divins. Puis, se réveillant comme après un rêve, dans un éclair de raison virile, il s'insurgeait contre lui-même, il appelait l'homme au secours de l'enfant, il s'excusait de sa faiblesse devant cet olympe de marbre, dont il croyait entendre le murmure ironique, et il sortait, le vertige au front, la flamme aux lèvres, la fièvre au cœur; il courait à travers la ville, cherchant quelque parcelle d'air où sa poitrine pût trouver un peu de fraîcheur, demandant cette atmosphère bienfaisante aux rues solitaires pavées de mousse, aux places où les fontaines murmurent, aux portiques des temples romains, aux nefs chrétiennes des basiliques, et trouvant partout cette soif de femme, cette volupté irritante et inexorable qui remplit toutes ces chaudes cités italiennes, voisines de deux mers et du soleil.

De même qu'on ouvre un livre plein d'un intérêt saisissant, pour faire diversion à quelque mortel ennui, il résolut de feuilleter cette Rome prodigieuse qu'il avait sous les pieds, de dérouiller cette médaille immense que Marc-Aurèle ceignit d'un cordon de vingt lieues et qu'il frappa au coin de l'éternité.

Voyons, se disait-il, si cette absurde voix des sens ne se taira pas devant l'évocation funèbre que je vais faire sur le tombeau de l'ancien univers!

Et il se fit voyageur dans Rome, de lui à peine connue, parce qu'il y était né.

A chaque pas qu'il faisait sur ce sol historique, il rencontrait le fantôme d'une femme à toutes les époques décisives : Lucrèce tuant la royauté, Virginie les Décemvirs, Cléopâtre la république. Devant lui, dans toutes les ruines, tonnait un écho de quelque puissante et immortelle passion. Quelquefois, il s'arrêtait dans cette campagne désolée que bornent les ruines du cirque de Salluste, des Thermes de Dioclétien, et du camp des gardes prétoriennes, et il recueillait sur ce sol maudit les lamentations souterraines des jeunes vestales ensevelies pour crime d'amour. Quelquefois, assis sur les ruines du *pont brisé*, il admirait le temple de Vesta, gracieux et arrondi comme le corps d'une jeune fille, ce monastère païen, autour duquel brûlèrent les amours inextinguibles de tant de patriciens du mont Palatin. Il se levait alors, et, par les hautes herbes de l'Arc de Janus, il s'enfonçait dans cette ellipse démesurée qui fut le grand cirque, où cent mille femmes, les plus belles de Rome, venaient se faire adorer par la jeunesse des portiques, et embrasaient de volupté tout un monde de marbre et de spectateurs. Devant lui, par dessus des monceaux de lierre et de vignes, se dressaient les arceaux béants et rouges du palais impérial, dont la base était une montagne; et les voix de la solitude lui criaient que les torrents d'air virginal qui coulent du ciel sur le Palatin depuis quinze siècles n'ont pas encore purifié ce lieu, triste témoin de toutes les violences, de tous les adultères, de toutes les prostitutions des Césars. Descendu dans la vallée du Forum, il rebâtissait les cinquantes péristyles, où les dames romaines, les bras et le sein nus, se promenaient le soir, sous des feuillages de marbre et de porphyre, au milieu d'une foule de jeunes gens perdus d'honneur, qui se firent complices de Catilina, pour violer Rome entière dans une étreinte de sang et de feu. Devant les temples de la Concorde, de la Fortune, de Faustine, de Vénus, de Junon, d'Octavie, de Flore, il retrouvait la glorification de la femme, couronnée partout d'acanthe et de myrte; cette arène qu'il foulait tremblait encore sous les pieds de l'ardente bacchanale, la fête des mystères nocturnes, où, dans un prodigieux hyménée, la moitié de Rome embrassait l'autre moitié sur un lit de thyrses et de pampres flétris. Et puis, du haut des jardins de Lucullus ou de la fontaine du Janicule, quand il regardait ce grand squelette et qu'il comptait, un à un, tous ces ossements épars, les monuments d'Adrien, d'Auguste, d'Octavie, d'Agrippa, de Flaminius, enfouis au champ de Mars; les Thermes de Titus et le cirque de Flore, au mont Quirinal; les collines de poussière qui, dans la région palatine, furent le temple de Cybèle, de Bacchus, de Jupiter, d'Auguste, de Pallas, d'Apollon; la maison de Tibère, les jardins d'Adonis; quand il embrassait d'un rapide regard tout cet ensemble de colonnes isolées, de môles noircis, d'arcs de triomphe déshonorés, d'aqueducs rompus, de gigantesques pans de briques, de portiques sans temples, de temples décapités, de sépulcres béants, de cirques et d'amphithéâtres hachés à morceaux, toutes ces choses étendues au soleil depuis le pont d'Adrien jusqu'au tombeau de Cécilia, depuis les jardins de Salluste jusqu'aux thermes d'Antonin; alors, face à face avec cette incomparable dévastation, il assistait à la nuit suprême, où des hommes au teint de cuivre, aux yeux de tison, au poil de fauve, aux mains de fer, des hommes qui sortaient des entrailles d'un volcan avec des casques d'airain, des tuniques d'acier, des manteaux de tigre, se ruèrent sur les portes de Rome, réveillèrent en sursaut toutes ses femmes endormies, les saisirent échevelées et tremblantes, les dévorèrent sous leurs lèvres de feu aux clartés de l'incendie, et firent au ciel une si épouvantable insulte, que la terre trembla, que les sept collines bondirent d'indignation sous cette orgie des enfers. Oui, l'histoire des plus impitoyables passions de l'homme est écrite en lettres de ruines sur le sol de cette cité; aussi l'air qui la couronne a gardé quelques parcelles du souffle brûlant exhalé des poitrines d'Attila et de Théodoric, ces fléaux de Dieu et du démon!

Un soir, le jeune comte Piranese avait visité l'église Sainte-Marie-des-Anges et le cloître paisible où vivent les enfants de saint Bruno. Debout sur la place solitaire de la magnifique Chartreuse, il se développait à lui-même une réflexion inspirée par ce monument sublime sorti des mains de Buonarotti. La pierre se transforme, disait-il avec un sourire mélancolique, et l'homme ne peut se renouveler. Les thermes de Titus deviennent le cloître de

Saint-Bruno; les huit colonnes de la nymphée impudique soutiennent le dôme d'une Chartreuse! La cuve du bain profane est aujourd'hui le bénitier chrétien! L'homme seul est condamné à vivre avec ses passions. Rien ne peut convertir en chaste pensée le mauvais levain qui est en nous.

Parlant ainsi, il n'avait pas remarqué un chartreux vénérable qui l'écoutait, derrière un pilier massif du cloître; c'était le chef de ce magnifique monastère : le vieillard lui donna un de ces calmes et profonds sourires qui en disent plus qu'un livre de philosophie, et qui annoncent un homme supérieur, par sa forte pensée, à toutes les misérables vanités du monde. Piranese sentit la rougeur monter à son front devant cette sérénité patriarcale qui le terrassait.

Et le front baissé, le pied chancelant, notre jeune Romain, semblable à un athlète vaincu, descendit du Quirinal et regagna son palais. Sa résolution était prise : n'osant aborder la comtesse Rosa et lui offrir lui-même un époux, redoutant un refus motivé sur des douleurs domestiques trop justes, il écrivit à la marquise Piranese, sa mère, en la priant de servir d'interprète à son fils dans cette occasion solennelle. Le lendemain, il reçut de la villa un billet ainsi conçu :

« Madame la comtesse Rosa Piranese attend
« son époux.

« Votre mère affectionnée,

« M. P. »

Huit jours après, le mariage fut célébré à l'église de Jésus, place de Venise, à Rome. Ce fut une simple fête de famille, à laquelle les amis ne furent point invités. Le malheur de Cécilia rendait impossible désormais toute manifestation de joie trop bruyante. Et pourtant ce mariage fut bien beau ; il y avait ce qui manque souvent aux plus somptueuses de ces solennités domestiques : une femme divine, entrée dans cet âge heureux où la passion est intelligente ; un jeune époux dévoré de désirs inassouvis et arrivant avec des sens vierges à l'initiation de l'amour. Le bonheur aurait été complet à la villa Piranese, si le spectre de Cécilia n'eût jeté son ombre dans ce riant horizon. Le soir du mariage, la comtesse Rosa dit à son époux en lui serrant les mains :

— Il ne me manque rien aujourd'hui, rien qu'un sourire de ma fille.

Le jeune comte leva les yeux au ciel et ne répondit pas.

IX.

Plusieurs mois se sont écoulés dans cette douce monotonie de bonheur conjugal, faite de jours qui se suivent et se ressemblent. Dans cet intervalle, le comte Piranèse a reçu de son ami la lettre suivante :

Paris, 14 avril 1814.

« MON CHER PIRA,

« Me voici rendu, par malheur des temps, à la vie bourgeoise et facile. L'empire est mort, *fuit Troja!* adieu la gloire; je deviens vieux; j'ai vingt-trois ans aujourd'hui; je vais songer sérieusement à m'amuser, pour me consoler de tout ce que j'ai vu de triste. La nouvelle de ton mariage m'a comblé de bonheur; je l'ai célébrée dans un déjeûner en tête-à-tête avec moi, devant une glace de Venise, chez Corazza. Tu as joué finement ton jeu dans cette intrigue; mais crois bien que tu n'as jamais pu tromper un vieux diplomate comme moi, élevé à la cour de Florence, patrie de Machiavel. J'ai toujours compris que ta passion pour la petite

Cécilia n'était qu'une feinte, et que tu te servais de l'enfant pour cacher la mère. Je te pardonne ta dissimulation, et d'autant plus volontiers que je n'en ai pas été dupé un seul instant.

« Que faire maintenant sans batailles? Le monde va retomber dans ses ennuis! Comment vivre sans Napoléon? C'était un hochet glorieux qui amusait l'éternelle enfance de ce vieil univers. Il n'y a plus que du vide autour de nous. La France bâille déjà comme une veuve délaissée qui va s'endormir sous un pâle olivier.

« J'ai trouvé ta lettre de *faire part* un peu sèche et assez triste; c'était une épithalame écrite en style d'épitaphe. Ta lune de miel s'est levée dans un horizon grave; il paraît que la folie meurt avec le célibat. Quand je te rejoindrai, si cela est dans mon destin, j'adopterai en bon ami les mœurs austères de ta position. Nous ferons de la philosophie ensemble, au soleil, comme les disciples de Socrate, et aux étoiles comme les péripatéticiens; nous nous habillerons de couleur brune, comme les rhéteurs du portique, et je forcerai mon visage à prendre le rire au sérieux. Quel malheur que le mariage ne soit pas dans mes goûts! Mais ne désespérons de rien. Mon horreur pour les femmes faciles et mes stériles amours pour les femmes impossibles m'obligeront bien quelque jour à prendre une maîtresse au pied des autels. Je réserve à mes trente ans cet acte de désespoir.

« Tu ne me dis pas un mot de Cécilia, ta

fille; qu'elle doit être belle, le dimanche, à l'église Saint-Ignace! Mais brisons là; il n'est plus permis de parler légèrement de ces choses depuis que ta sagesse a naturalisé le mariage dans la maison Balma.

« Adieu, mon ami; je me mets aux pieds de madame la comtesse Piranese.

« Émile. »

Le comte Piranese n'avait point de réponse à faire à cette lettre, et rien ne motivant une assiduité de correspondance, il se promit de n'écrire à son ami qu'à des intervalles assez éloignés.

Cécilia venait d'atteindre sa quatorzième année; la crise de l'âge nubile était redoutée par sa famille, car elle s'annonçait avec des symptômes alarmants. La pauvre fille dépérissait de langueur; elle avait à peine le sentiment de son existence, et depuis long-temps sa bouche ne s'était ouverte pour appeler sa mère. Ainsi privée de la vue et de la parole, Cécilia vivait dans la plus complète ignorance des événements domestiques qui se passaient autour d'elle. On lui avait même fait un mystère du mariage récent qui lui rendait un père et un protecteur, afin de lui épargner une émotion de joie, qui pouvait lui devenir funeste comme une émotion douloureuse. L'art intelligent qui veillait sur elle semblait infuser dans ce corps expirant une vie artificielle qui suffisait aux besoins de chaque jour.

Un matin, le comte Piranèse, selon son habitude, attendait le médecin après sa visite, pour lui faire la triste question, toujours suivie de la même réponse. L'homme de l'art sortit, cette fois, avec un rayon de joie sur la figure, et serrant la main du comte, il lui dit à voix basse : « C'est le moment critique ; une heureuse révolution emportera le mal ; ayez bon espoir ; mais, de grâce, pas un mot à la mère ; il serait trop cruel de la tromper, car la crise qui sauve peut tuer ; cependant tout se présente bien. »

A cette nouvelle inattendue, le comte garda un silence singulier, et ressentit une émotion dont il ne put s'expliquer la nature ; surtout il s'étonnait de n'avoir pas trouvé un élan subit de joie dans l'annonce de la guérison possible et prochaine de sa fille Cécilia. Ce fut aussi sans aucun effort de discrétion qu'il ne redit pas à sa femme la confidence du médecin ; il lui sembla que, si cette recommandation de prudence ne lui eût pas été faite, il aurait gardé la même réserve sans trop en approfondir les motifs.

Cependant le marasme qui minait lentement la jeune demoiselle avait fait place à l'énergique réaction du sang ; la maladie prenait un caractère aigu qui annonçait une solution heureuse ou fatale. Habituée depuis long-temps à l'idée d'un grand malheur, la comtesse Piranese attendait la catastrophe avec une héroïque résignation.

Un matin, après une nuit d'angoisses, la pauvre mère de Cécilia s'était retirée dans son appartement pour prendre quelques heures de repos. Le comte, son mari, veillait seul au chevet de la malade. . . . .

La molle clarté du soleil levant se répandait dans la chambre, et la croisée du nord, toute large ouverte, laissait pénétrer dans l'alcôve fiévreuse le parfum des fleurs, la fraîcheur du matin, la brise du fleuve, les sourires du ciel. Piranese se pencha sur le visage de Cécilia, pour l'examiner de près avec une attention inquiète. En ce moment, une transformation visible s'opérait en elle; les teintes lourdes et enflammées qui chargeaient le front, les paupières et les joues, avaient disparu; une pâleur tranquille et légèrement nuancée de rose ramenait la sérénité sur la figure de Cécilia. Le mal venait d'être vaincu par la vigueur du sang romain et par ce merveilleux dictame aérien qui coule éternellement des montagnes de Tibur. La jeune demoiselle dormait de ce sommeil calme qui donne la force et la vie, et annonce le retour de la santé.

Un sourire de songe courut sur le visage de Cécilia. Piranese tressaillit : la jeune fille prononça quelques paroles confuses, et se réveilla.

Le comte recula comme de terreur ; il avait vu luire, dans un orbite à demi-ouvert, un regard d'azur depuis long-temps éteint ; il avait entendu un cri de surprise ; il assistait à un miracle. Cécilia, éblouie par la clarté du jour, referma vivement ses yeux et mit ses mains sur les paupières, comme pour les garantir du coup brûlant qu'elles venaient de recevoir.

— Ah ! mon Dieu ! dit-elle d'une voix sourde, est-ce encore un songe ?

Elle rouvrit ses yeux avec une précaution

timide, jeta un rapide regard dans la chambre, et poussa un cri de frayeur et d'étonnement : elle était seule ; le comte Piranese était sorti.

Ce fut la marquise Piranese qui, prévenue par son fils, accourut au chevet de Cécilia pour lui donner tous les soins qu'exigeait sa nouvelle position.

— Ma mère ! s'écria la jeune fille en étendant ses bras vers la marquise qui entrait, et reconnaissant tout de suite son erreur : — Ah ! c'est vous, Madame ! . . . ma seconde mère ! . . . Il y a bien long-temps que je ne vous ai vue. . . Il me semble que je ressuscite . . . Ah ! mon Dieu !

— Restez en repos, mon enfant, dit la marquise après avoir fermé la croisée et ménagé un demi-jour; ayez encore un peu de patience; votre patrone du ciel vous a protégée parce que vous avez été résignée comme une sainte; elle vous a déjà rendu la vue, elle vous guérira tout à fait, ma belle enfant.

—Et ma mère? Oh! je veux voir ma mère... Où est-elle? Pourquoi n'est-elle pas ici?

— Votre mère repose. Elle a veillé cette nuit auprès de vous.

— Oh! laissez-la dormir... j'attendrai... Bonne mère!... Cette nuit j'avais deux anges gardiens...

Cécilia se leva tout à coup sur son séant, et regarda du côté de la porte.

— J'entends marcher ma mère dans le corridor, dit-elle; je reconnais le bruit de ses pas comme le son de sa voix... C'est elle! c'est ma mère!

Ce n'était point le comte Piranese qui avait annoncé l'heureuse nouvelle à la mère, c'était une de ces voix qui parlent dans les songes et qui viennent du ciel. Elle s'était réveillée en sursaut, car elle avait vu en rêve sa fille, sa fille morte, et au cercueil, les mains jointes, les yeux ouverts et vitrés... et elle accourait auprès de Cécilia dans la furie du désespoir. Deux cris d'amour et de joie, deux cris comme les femmes seules en trouvent dans le cœur, retentirent dans cette alcôve si long-temps désolée : les lèvres étaient sur les lèvres, les yeux sur les yeux, les larmes sur les larmes; la mère et la fille ne formaient qu'un corps et n'avaient qu'une âme, comme au jour de la conception.

La comtesse Piranese, ivre de joie, s'arracha aux caresses de sa fille, et pressant vivement les mains de sa belle-mère :

— Madame, lui dit-elle, au nom de Dieu, lancez votre plus agile coureur sur la route de Tolentino; il trouvera six chandeliers d'argent massif dans la chapelle de mon château; il les portera au trésorier de Notre-Dame-de-Lorette, la patrone de Tolentino, pour cent messes. C'est un vœu. Moi, je monterai, pieds nus, à Lorette, et je couvrirai d'or la nappe de son autel.

La marquise Piranese sortit pour obéir à l'ordre sacré de sa belle-fille.

La mère, au comble de l'exaltation, s'assit sur le lit de Cécilia, et elle ne pouvait se lasser de regarder la jeune ressuscitée qui lui souriait de toute la douceur angélique de ses beaux yeux d'azur. Ces deux femmes échangèrent long-temps entre elles des murmures d'amour qui ressemblaient à des roucoulements de colombes, et qui exprimaient toutes les tendresses du cœur; les paroles ne leur auraient pas suffi pour se prodiguer, dans un instant, tous ces élans de passion maternelle et filiale qu'elles avaient en réserve; aussi, quand elles se parlèrent, elles s'étaient déjà tout dit, dans la langue de l'âme, des caresses et des regards.

Pourtant, ce fut un enchantement ineffable à l'oreille de la mère, lorsqu'elle entendit, comme pour la première fois, l'accent virginal qui sortait de la bouche adorée de sa fille, et qui résonna dans l'alcôve, comme le prélude d'une mélodie italienne.

— Ma bonne mère, disait Cécilia, dis-moi si je me trompe : il me semble que, ce matin, en me réveillant, j'ai vu, là, devant moi, ce beau jeune homme qui a dansé avec moi... oh! il y a bien long-temps!... le comte Piranese...

— Le comte Piranese? dit la mère; et un sentiment qu'elle n'aurait pu définir fit trembler ce nom sur ses lèvres.

— Oui, dit Cécilia en couvrant son front de sa main comme pour en retirer un souvenir; oui, ma bonne mère... le comte Piranese... j'ai cru le voir, là, près de mon lit, son visage sur le mien; il me regardait avec des yeux tristes... Mais c'est peut-être un rêve encore... Je l'ai vu si souvent dans mes songes... Embrasse-moi, ma bonne mère...

La comtesse Rosa Piranese écoutait sa fille avec une sorte d'effroi, comme si elle eût entendu une épouvantable révélation, à laquelle rien ne l'avait préparée; elle embrassa froidement Cécilia, et lui dit : — Oui, mon ange, c'est le comte Piranese qui veillait ce matin auprès de ton lit; tu as oublié, sans doute, que nous sommes chez lui?

— Oui, oui, dit Cécilia avec une joyeuse inflexion de voix, je sais que nous sommes à la villa Piranese... On est mieux ici qu'à Tolentino... n'est-ce pas, ma bonne mère?

— Et pourquoi est-on mieux ici, ma fille?

Cécilia hésita pour répondre.

— Tolentino est triste, ma bonne mère; les environs du château sont sauvages et inspirent la mélancolie. Ici, quelle différence! comme tout est riant!... Tantôt, lorsque j'ai ouvert les yeux, oh! que de gaîté j'ai vu dans l'air, dans la cime des arbres, dans le sommet des collines, dans le ciel, partout... Non, tu ne sais pas combien j'ai souffert, combien j'ai besoin de gaîté! Il me semble que je ressuscite après dix ans passés dans un tombeau, demi-morte, avec un silence affreux autour de moi, ou des paroles confuses, comme si des ombres eussent murmuré à mes oreilles... j'ai fait un long rêve... Il me semble que j'ai entendu dire que le comte Piranese s'était marié ?

— Cécilia, mon enfant, tu oublies que ton état demande les plus grands soins... Tu as déjà beaucoup trop parlé pour une convalescente de quelques heures... Encore un peu de patience, ma fille... Résigne-toi encore à quelques jours de repos...

— Des siècles, mon Dieu ! des siècles !... Je sens que je puis supporter la lumière... Un peu de jour, au nom de Dieu ! je veux voir le ciel ; je veux voir le soleil... Ma bonne mère, je ne suis que faible ; je sens que le mal n'est plus chez moi..... Il y a bien du silence dans la maison... Pourquoi ne fait-on pas de la musique?... Oh! j'ai besoin d'air... j'étouffe dans cette alcôve... Je crois que j'aurai assez de force pour descendre au salon...

Cécilia fit un mouvement pour se lever; sa mère la serra dans ses bras, en pleurant, et la retint.

— Pourquoi pleures-tu, ma bonne mère? dit Cécilia dans une attitude de résignation; pardonne-moi si je contrarie tes volontés; tu ne sais pas combien cette vie muette et aveugle que j'ai subie si long-temps m'a donné d'ennuis mortels! Oh! si Dieu m'avait privée aussi de la pensée! mais, dans le délire de la fièvre comme dans le calme de mes esprits, j'ai toujours eu là, dans le front, une pensée, un souvenir, un nom, une fête... Cette maudite fièvre, ce délire brûlant, s'acharnent sur une seule idée, et vous la représentent toujours... Impossible de la chasser... La sainte Vierge le sait bien! Oh! que de fois je l'ai priée! que de fois j'ai voulu placer un autre nom, un autre souvenir dans ce front!... Tiens, ma bonne mère... je sens que je serai plus calme quand j'aurai tout dit..... Cette pensée, ce nom, ce souvenir, cette belle fête.....

— N'achève pas! s'écria la comtesse, les doigts dans ses cheveux, et pâle comme la mort, n'achève pas, ma fille!

Cécilia étendit convulsivement les mains vers la porte d'entrée, poussa un cri et s'évanouit.

Le comte Piranese et le médecin entraient dans la chambre de la jeune malade.

Le comte s'arrêta brusquement sur le seuil de la porte, le médecin courut au lit, d'un pas délibéré, en disant : Ce n'est rien, rien; Madame, ne vous alarmez pas... Donnez un peu d'air... c'est une faiblesse... la fièvre est éteinte tout à fait... Madame, ce sera, j'espère, votre dernier tourment maternel...

La comtesse Rosa était anéantie. Sa figure pâle, ses yeux ouverts et fixes, sa chevelure désordonnée annonçaient plus de désespoir que la circonstance n'en devait exciter au cœur d'une mère; et lorsque le comte, son mari, penché sur elle, lui dit :

— Ma bonne amie, ce n'est qu'un évanouissement.

Un regard douloureux et un cri sourd parti de la poitrine annoncèrent à Piranese qu'on n'acceptait pas cette consolation, et que la crise de ce moment avait en elle un mystère que nulle intelligence ne pouvait comprendre, que nulle bouche ne pouvait expliquer.

Le médecin, préoccupé seulement de l'état de la malade, disait à voix basse, sans regarder la mère :

— Voyez, Madame, ça n'a pas été long; elle reprend connaissance; le teint est superbe... Quelle cure merveilleuse la nature a faite-là !... Je m'engage à lui donner le bras, dans huit jours, sous ces peupliers... La voilà revenue tout à fait... elle a ouvert les yeux... elle s'est retournée vivement du côté de la ruelle pour ne pas voir le grand jour... Laissons-la tranquillement reposer, elle va s'endormir. A son réveil vous commencerez à lui faire suivre un bon régime sagement gradué de nourriture fortifiante. C'est qu'il y a tant de vigueur déjà dans cette jeune demoiselle! Portez le moindre secours à cette nature puissante, vous la délivrerez de tout mauvais levain, vous l'élevez d'un seul coup de la convalescence à la santé... Comte Piranese, traitez-moi toujours en voisin de campagne ; vous êtes venu m'appeler pour constater le mieux le plus satisfaisant : eh bien! malgré cette crise, je suis heureux de vous dire que ce mieux dépasse mes espérances... Allons, Madame, bon courage ; ne vous laissez pas abattre par la joie ; vous avez montré plus de fermeté dans le malheur.

La comtesse laissa éclater un mouvement d'inquiétude, et le médecin regarda fixement Piranese, comme pour lui demander ce qu'il fallait faire. Le jeune homme, tout bouleversé par ses réflexions, et comprenant que sa femme était sous l'obsession de quelque chagrin extraordinaire, dont il était, lui, peut-être, la cause première, tendit nonchalamment la main au médecin et le conduisit sur l'escalier : là il balbutia quelques paroles à peu près dépourvues de sens, entremêla des remerciements et des adieux, et rentra seul, armé de toute sa fermeté, dans la chambre de Cécilia.

A son arrivée, Rosa se leva et lui dit à voix basse :

— Êtes-vous seul ?

— Oui, répondit Giampolo, et un frisson glacial couvrit son corps.

La comtesse l'entraîna dans la pièce voisine.

— Giampolo, lui dit-elle, vous m'aimez toujours bien, n'est-ce pas ?

— Moi ! si je vous aime toujours ! dit le comte les larmes aux yeux ; toujours, ma bonne amie, comme la veille de notre mariage.

— Eh bien ! vous allez me le prouver...

— Exigez tout; je suis prêt à tout.

— Vous allez quitter la villa sur-le-champ, il le faut; ne m'interrogez pas, ne m'interrogez pas! Vous partirez, vous prendrez un prétexte auprès de votre mère. Mes lettres vous arriveront à votre palais à Rome; vous ne quitterez pas Rome; cet éloignement suffit. J'espère que notre séparation ne sera pas longue; croyez qu'elle me sera cruelle autant qu'à vous...

— Une seule question, ma chère Rosa...

— Point de question...

— Eh! il me serait trop cruel de penser que votre amour...

— Mon amour ne s'est pas démenti, mon cher Pira, dit la comtesse en sanglotant, et les bras jetés autour du cou de son époux; oui, vous avez encore tout mon amour; mais au nom de Dieu et de cet amour, ne m'interrogez pas plus et partez. Vous êtes un homme, appelez à votre aide toutes les facultés de votre organisation virile, pour vous élever au dessus d'une femme, et pour sortir d'ici, l'œil sec, la bouche muette et sans regarder derrière vous.

— Rosa, vous allez voir si je vous aime..

Le comte embrassa tendrement sa femme et descendit chez sa mère pour faire ses préparatifs de départ. La comtesse vint se placer au chevet de sa fille. Cécilia dormait de cesommeil léger qui livre souvent à l'alcôve les confidences des songes. Les lèvres de la mère effleuraient les lèvres de la fille, comme pour recueillir au passage la moindre parole délatrice, la plus subtile indiscrétion de la demoiselle endormie. Dans chaque soupir inarticulé qui s'exhalait de la poitrine de Cécilia, la malheureuse mère croyait surprendre la révélation de cet amour étrange qui était né dans les ennuis et le délire de la fièvre, qui s'était nourri de mystère et de silence, et qui avait éclaté en plaintes vagues et inquiètes, à la première aurore de la résurrection du corps. Mais en ce moment, les rêves gardaient leurs secrets au fond de l'âme; à peine si des éclairs d'un calme sourire, animant par intervalles le visage de Cécilia, trahissaient quelque sentiment de joie intérieure; la comtesse Rosa n'entendit point de ces paroles qu'elle redoutait, en les épiant sur les lèvres. Insensiblement elle se rassura, comme si le silence de ce sommeil avait pu détruire de trop claires et de trop récentes révélations que l'instinct de la femme et de la mère avait, hélas! si bien comprises. Dans les grands malheurs, la moindre illusion sereine est embrassée comme une consolante réalité. Après quelques heures de repos, Cécilia se réveilla dans les caresses de sa mère et de la marquise Piranese; elle fut souriante et gaie, elle s'abandonna sans réserve au bonheur de voir l'éclat de la campagne à travers les vitres de sa croisée. Elle paraissait inondée de cette joie ineffable que donne la convalescence; on aurait dit que, dans sa légèreté d'enfant, elle avait oublié tout ce qu'elle avait révélé le matin, ou bien que les paroles qui brisaient le cœur de sa mère devaient être regardées comme la continuation délirante d'un mauvais songe, et qu'elles n'avaient aucun sens applicable à la vie réelle. La comtesse Rosa s'empara de cette dernière idée, pour savourer au moins un jour de bonheur maternel sans mélange devant sa fille ressuscitée ; elle fit une sorte de trève avec le désespoir et l'ajourna au lendemain.

A Rome, le soir du même jour, Piranese, rentré dans son palais, demandait à tous les génies de l'air le mot de cette énigme qui l'exilait du foyer domestique; sa tête, où tourbillonnaient les conjectures, brûlait comme dans un accès de fièvre, et il n'y avait déjà plus de place pour la réflexion calme. Cette exaltation s'aggravait encore de la sérénité des objets extérieurs, et de cette quiétude des galeries solitaires et des frais jardins où marchait le jeune homme en délire; il s'irritait de voir cette nature insouciante et tranquille dont il était environné, cette dérision aérienne de bonheur qui descendait mollement sur les corniches lumineuses du palais et sur les grands arbres de l'allée. Aux autels, dans les grottes, devant les fontaines, sur les piédestaux, les dieux et les déesses donnaient leur sourire éternel au maître de ce domaine, et pas une plainte n'arrivait à son cœur, pas une réponse d'oracle ne sortait de ces temples sibyllins qui expliquaient autrefois aux hommes les secrets de la vie et de la mort. La nuit tombée, Piranese, assis sur un chapiteau dévasté, attendait encore que le ciel intelligent de son pays illuminât son âme d'un rayon;

immobile et silencieux, il ressemblait à cet homme dont parle Ovide, cet homme qui, *touché par la foudre, vit encore, sans se douter de son existence.* Enfin, il se leva, vaincu par la fièvre ; il appela le plus fidèle de ses serviteurs, le Romain Luigi, et il monta l'escalier de ses appartements, précédé d'un flambeau, comme Caïus Duilius, et salué, à son passage, par tous les personnages consulaires inclinés aux niches des murailles. Le premier objet qui le frappa dans son alcôve fut la lettre que Joachim Murat avait écrite à Émile Dutretz, et qui était suspendue, là, dans son cadre, comme une relique d'amitié. Piranese, isolé dans Rome et privé de conseils, reporta sa pensée sur son camarade de Florence et de la Moskowa ; aussitôt, sans s'inquiéter des lenteurs et de l'éloignement, il écrivit cette lettre à son ami :

MON CHER ÉMILE,

« Un jour, à Florence, tu m'ordonnas de partir sur l'heure pour Radicoffani ; j'étais heureux à Florence, je partis avec ton épée, sans regarder derrière moi ; j'étais novice dans les armes, je trouvai sur mon chemin un tueur d'hommes qui cherchait ta poitrine, il ne trouva que la mienne, et je remerciai le ciel.

« Aujourd'hui, c'est moi qui te dis : Pars sur l'heure, je t'attends au palais Piranese, à Rome!

« Ton malheureux ami,

GIAMPOLO. »

La lettre écrite, il lui sembla qu'Émile était déjà sur les Apennins ; cette pensée consolante, faisant diversion à l'évènement du jour, donna un peu de calme à ses esprits, et lui versa, par intervalles, le baume du sommeil. Luigi veillait près de son maître et priait Dieu pour lui.

X.

Ce n'est point un vain caprice ou le hasard du choix qui a poussé vers cette noble ville de Rome tous ceux qui ont été brisés par un grand revers, et obligés de se survivre à eux-mêmes. Il y a, dans ce coin de terre, sinon des remèdes aux maux incurables de l'âme, du moins des adoucissements et des consolations que le reste du monde n'offre pas. A ceux qui souffrent, Rome étale ses cicatrices ; à ceux qui ont perdu une couronne, elle montre son front dévasté ; à ceux qui attendent quelque soulagement de l'avenir, elle donne de la patience, parce qu'elle est, sur la terre, le symbole de la patiente éternité. Il y a dans cette merveilleuse atmosphère quelque chose qui émousse l'aiguillon de la douleur; aussi, jamais l'homme au désespoir n'y tourne contre lui des mains violentes; la résignation lui arrive de partout, comme une rosée qui rafraîchit l'âme, et dont la source est au ciel romain.

Cette muette consolation, qui descend sur ce sol béni, n'a pas été faite seulement pour les rois et les princes découronnés : elle réserve encore ses plus intimes douceurs aux humbles infortunes domestiques ; c'est un divin remède où chacun trouve sa part versée, quel que soit le nom qui le recommande à la sollicitude de l'invisible consolateur. Ainsi, ne vous étonnez pas de retrouver, dans son palais, après quelques semaines, le comte Piranese, calme et résigné, bien qu'il soit encore entouré de mystère, de silence, de solitude ; cette philosophie, il ne se l'est pas donnée à force de raisonnements laborieux ; il l'a puisée dans cet air romain tout imprégné de stoïcisme païen et de soumission chrétienne, tout rempli de cette poussière qui monte des lieux dévastés où souffrirent les sages et les saints. En aucun autre lieu du monde l'ardent et jeune Italien n'aurait pu subir la cruelle épreuve qui l'exilait loin de toutes ses affections, sans qu'il pût soulever un coin du voile de cette énigme étrange apportée de la villa de Tibur. Dans tous les bruits du dehors qui venaient, à de longs intervalles, troubler le silence de son jardin, il croyait reconnaître le messager attendu; ces bruits passaient et allaient mourir dans les solitudes du palais Colonna et sur la lisière du *Campo-Vaccino;* il n'entendait plus que le murmure sourd et lointain de l'eau éternelle qui tombe à Trévi comme un fleuve dans un lit de marbre au pied du mont Quirinal.

C'est quand on cesse d'attendre que l'attendu arrive. Un matin, à son lever, Piranese fut violemment détourné de ses pensées d'habitude par une nouvelle foudroyante : son domestique Luigi, en l'habillant, lui demanda la permission de le questionner. Piranese fit avec nonchalance un signe de tête de consentement.

— Votre excellence ne sait pas la nouvelle? dit Luigi.

— Quelle nouvelle?

— Ah! sainte Vierge! votre excellence ne la sait pas! elle est arrivée ce matin.

— Comment veux-tu que je sache alors? Voyons, parle, dis-moi ta nouvelle.

— Voici. J'étais assis, selon vos ordres, sur un banc du café du *Lys d'Or*, au coin de la place Antonine et du *Corso*, pour voir si quelque chaise de poste n'arrivait pas de la *via*

Cassia, route de France, lorsque deux domestiques du cardinal Somaglia, que je connais, ont passé, avec des figures pâles comme vos statues; je connais Constantini, le plus jeune des deux; il m'a abordé un instant et m'a dit à l'oreille : — Napoléon-Satan s'est échappé de l'île d'Elbe, et a débarqué en France.

Piranese sourit et haussa les épaules.

— J'ai poussé un cri de joie, poursuivit Luigi; que votre seigneurie me pardonne cette imprudence, je n'ai pu retenir ce cri, et je suis entré au café pour entendre parler les vieux qui déjeûnent avec des verres d'eau. Moi, j'ai demandé du chocolat, comme un grand seigneur, et l'on m'a fait place avec respect. Il y avait un vieux, fort en colère contre

Napoléon, et il disait aux autres de se lever et de marcher à la frontière romaine de *Ponte-Centino*, pour repousser les armées de l'Empereur; et, dans tous les groupes, on ne parlait que du débarquement; et tous les vieillards, qui boivent le soleil sur la place Antonine, et à *Monte-Citorio*, agitaient leurs cannes et menaçaient l'Empereur. Sur la porte des boutiques, depuis la *Curia innocenziana* jusqu'à *Via San Romoaldo*, il y avait des groupes effrayés qui se tournaient du côté de *Monte-Pincio*, croyant voir arriver les Français. C'est une épouvante générale; les cavaliers pontificaux font des patrouilles, et la milice urbaine va prendre les armes, à midi... Il me semble que votre excellence ne croit pas beaucoup à la nouvelle que j'ai l'honneur de lui donner.

— Et pourquoi n'y croirais-je pas? dit le comte en souriant. Ta nouvelle n'est-elle pas impossible?

— Impossible! c'est le mot.

— Eh bien! tu vois donc que j'y crois. Avec l'empereur, on n'en connaît pas d'autres. Seulement tu me permettras d'attendre la confirmation de ta nouvelle pour me réjouir.

En ce moment, le marteau de bronze retentit sur la porte du palais, en réveillant les échos du vestibule et des galeries. Piranese tressaillit, et par un signe, il ordonna d'ouvrir à son domestique.

— C'est la confirmation de ma nouvelle, dit Luigi en courant à l'escalier.

Piranese, convulsif d'émotion, attendait son avenir de ce coup de marteau.

Il n'attendit pas long-temps. La porte s'ouvrit ; l'escalier fut brûlé sous des pas agiles, le corridor fut sillonné par le bruit d'une respiration épuisée ; un jeune homme, couvert de poussière et haletant, tomba dans les bras de Piranese.

— Émile ! Émile ! s'écria le comte ; et ensuite il ne sut que pleurer.

Dégagé d'entre les bras de son ami, Émile jeta sur le parquet une épée de combat.

— J'arrive, dit-il, comme l'ami du Monomotapa dont parle La Fontaine ; je n'ai, moi, ni bourse ni maîtresse à t'offrir ; je ne t'apporte que mon épée.

— Émile, dit Piranese en secouant la tête avec tristesse, ce n'est point pour te faire partager un péril que je t'appelle.

— J'entends... tu as des chagrins de ménage, tu es ici en garçon, tu es brouillé avec ta femme...

— Non... nous nous aimons toujours comme deux amants.

— Tu as perdu ta fortune... Non plus ?... Voyons, je grille d'impatience... tu souffres ? quelle est la cause de tes tourments ?

— Émile, je ne la connais pas.

— Un mal d'imagination..... tu es jaloux?

— Figure-toi que ma femme m'a exilé ici, et que j'attends son invitation pour rentrer à ma villa.

— Et pourquoi t'a-t-elle exilé?

— Ah! voilà précisément ce que j'ignore.

— C'est étrangement singulier! Comment, tu t'es laissé exiler comme cela?

— Oui, Émile.

— Comme Ovide, avec un mystère aux trousses et une énigme devant. Vraiment, depuis Ovide, le cas ne s'était pas représenté. Il faut être à Rome pour voir ces choses-là! Et depuis la sentence d'exil, personne n'est venu de la villa Piranese?

— Personne.

— C'est un défi jeté à l'imagination... A propos, l'empereur a débarqué en France, tu dois le savoir?

— Vrai, bien vrai? s'écria le comte en joignant ses mains.

— Oh! tout ce qu'il y a de plus vrai... mais nous parlerons de l'empereur plus tard; parlons de toi, maintenant.

— Débarqué en France?

— Et en route sur Paris..... Mais tu n'as

pas interrogé ta femme pour connaître?.....

— Elle m'a défendu, avec une caresse bien tendre, de l'interroger..... Et en route sur Paris !

— Avec six cents hommes!... Ah! c'est une femme qui assassine avec un baiser!

— Oh! mon ami, crois bien qu'elle a souffert autant que moi... L'empereur avec six cents hommes!

— Pas davantage. *L'aigle*, a-t-il dit, *volera de clochers en clochers jusques sur les tours, Notre-Dame*..... Tu dis qu'elle a souffert, ta femme, autant que toi...

— Plus que moi, peut-être. Si tu la connaissais!... un ange! un ange!... et toute l'énergie de l'homme!

— Effectivement; il paraît qu'elle a de l'énergie;... diable! exiler son mari!... Mais tu n'as pas quelque soupçon?

— Aucun.

— La sentence est tombée comme un coup de foudre?

— Comme un coup de foudre.

— Sans un éclair charitable de préparation?

— Oui.

— Cela me passe. Mon chér Pira, tu es patient comme saint Alexis sous son escalier, toi; Rome donne toutes les vertus; moi, qui suis Parisien, j'ai déjà perdu patience, en cinq minutes, avec cette énigme de Damoclès suspendue sur ma tête. Voici le conseil que je te donne : il faut rompre ton ban, et nous courrons ensemble à ta villa.

— Oh! impossible! J'ai juré d'attendre.

— Mon arrivée à Rome te servira de prétexte.

— Il n'y a pas de prétexte; j'ai promis.

— Pourquoi m'as-tu donc fait venir à Rome?

— Eh! mon ami, à qui veux-tu que je confie

ces étranges choses, si ce n'est à toi? As-tu du regret d'être venu pour si peu?

— Tais-toi, Pira, tu m'insultes... Ta femme ne connaît pas mon arrivée?

— Non. Je ne lui ai jamais écrit.

— Bien! voici une idée, je crois. J'ai laissé ma chaise au coin de *Via delle Murate;* elle est attelée; elle a toute sa poussière et sa sueur de voyage; moi, je ne suis pas exilé par ta femme; en vingt bonds, je tombe à ta villa; j'entre étourdiment, comme un homme qui ne sait rien; je demande mon ami, les bras ouverts; que diable! on ne me chassera pas! S'il y a quelque mystère d'intérieur à prendre sur le fait, je le saisis au vol. Je parle à ta femme; j'interroge son visage; je fais deux tours d'allée avec ta mère qui ne doit rien ignorer; enfin, j'espionne, j'écoute, je furète, je fais de la diplomatie, et si, ce soir, je ne te rapporte pas le mot de l'énigme, j'aurai au moins la première lettre; c'est beaucoup pour deux hommes intelligents.

Piranese, après avoir réfléchi quelques minutes dans l'attitude de l'hésitation, donna son consentement au projet d'Emilé.

— Il me semble, dit-il, que c'est agir dans les limites de mon droit; c'est une détermination raisonnable.

— Très-raisonnable, mon cher Pira. Peux-tu vivre ainsi plus long-temps? Impossible. Ta position n'est pas tenable; il faut déchirer le nuage et voir clair dans ton horizon. Cela dit, je pars.

— Harassé de fatigue, comme tu es; repose-toi, déjeûne, reprends des forces...

— Bah! je suis aussi dispos qu'à mon départ de la rue du Helder; et puis, en bon diplomate, il faut que j'apparaisse à la villa, dans toute l'auréole poudreuse d'un voyageur affamé... A propos, tu ne m'as pas dit un mot de Cé... de mademoiselle Cécilia.

— Oui... Cécilia... elle a été malade... Elle est mieux... beaucoup mieux... Au reste, tu vas la voir.

— Je me mettrai à ses pieds, je me mettrai aux pieds de tout le monde. Tu seras content de moi. Veux-tu m'accompagner jusqu'à ma chaise?

— Non, je suis incrusté dans le palais, et c'est ici que je t'attends. Point d'imprudence surtout, mon bon Emile, entends-tu?

— Compte sur le vertueux machiavélisme de mon amitié. Adieu.

— Adieu, Emile, je vais additionner les moments.

Emile courut à sa chaise de poste, et Piranese descendit au jardin pour être plus à l'aise dans ses ennuis.

Cependant la ville était dans une grande agitation, et le retentissement de la place publique arrivait, par dessus les murs du jardin, aux oreilles de Piranese. Luigi sortait et rentrait, apportant, après chaque course, quelque nouvelle de la marche triomphale de l'empereur. Ce qui n'était le matin qu'une vague rumeur était devenu de l'histoire. On donnait des détails précis, avec tous les caractères de l'authenticité. Luigi, qui avait des intelligences dans la domesticité des grandes maisons, vint annoncer à son maître que le comte de Baufremont, aide-de-camp de Murat, avait été expédié en France, pour donner l'assurance à l'empereur de la coopération du roi de Naples, et qu'en traversant Rome, rapidement et incognito, il avait demandé la demeure du comte Piranese à des personnes qui ne la connaissaient pas. Le comte tressaillit et frappa son front. Ce noble Joachim, dit-il, il ne m'a pas oublié! il a pensé à moi à l'heure décisive! Et moi! moi! je suis enseveli dans l'ignominie des lâchetés domestiques! Je suis revêtu de la robe de brocard comme l'esclave favori d'un satrape! C'est pour moi que Métastase a écrit ces deux vers dans son *Achille à Syros* :

« M'avilisce in queste spoglie
« Il poter di due pupille,

Et je n'ose ajouter :

« Ma io lo so che souo Achille
« E mi sento Achille in sen ! »

Oh! que dira-t-on à la cour de Naples, dans cet Olympe de héros, lorsqu'on saura que le comte Piranese a laissé passer la terrible guerre qui va venir, en faisant un roman bourgeois entre deux femmes !.. Oh ! mon Dieu ! ma tête brûle !.. Qui me donnera, là haut, une inspiration ? De quel côté faut-il courir ?

Il rappela Luigi.

— Luigi, cours au palais de Felice Mattei, et demande, avec la plus grande précaution, si le comte de Baufremont ne s'est pas arrêté chez lui.

— J'ai eu l'honneur de dire à votre excellence que M. de Baufremont a traversé le *Corso* comme un éclair ; le cocher de la marquise de Velletri l'a vu passer à *Ponte-Mole*. Nous connaissons tous M. de Baufremont.

— C'est bien ; ne sors pas, puisque c'est inutile... Laisse-moi seul.

Piranese, immobile sur la terrasse de son jardin, prêtait l'oreille au tressaillement de la ville, à la chute du jour : il semblait que Rome saluait déjà son jeune roi, fils de son grand empereur. Le miracle du débarquement de Napoléon étonnait la cité des miracles; jamais le sol italien ne fut si profondément ébranlé sous les populations émues, depuis le jour qui jeta sur les places publiques de la Péninsule cette nouvelle : Un monde a été découvert par par Colomb le Génois!

Il était nuit close, quand Emile Dutretz arriva de son expédition à la villa. Les deux amis se rencontrèrent sur l'escalier. Ils étaient tous deux pâles et défaits; Piranese interrogeait par son silence; Emile, ému et embarrassé, cherchait une tournure d'introduction. Ils s'assirent dans un corridor, et ce fut un long soupir qui servit de préambule à cette phrase d'Emile.

— Nous avions une énigme à deviner ce matin, n'est-ce pas?

— Oui, dit Giampolo d'une voix éteinte.

— Eh bien! ce soir nous en avons deux... Sommes-nous seuls?

— Seuls.

— Voici le bulletin de campagne : En arrivant à la villa, j'ai laissé ma chaise à la grille, pour ne pas faire sensation, et ne pas donner le temps aux gens de la maison d'organiser un plan de défense. J'ai pris le sentier à droite, le le sentier qui mène aux grands arbres, pour ne pas être découvert sur l'allée nue du château. J'ai marché, dans la nuit des pins et des cyprès, jusqu'au quinconce des bals d'été, où le gazon est aujourd'hui très-haut, et atteste qu'on n'a pas dansé depuis long-temps. Avançant ainsi, me faisant toujours éclipser par un arbre, j'ai aperçu, dans les ténèbres élyséennes du bosquet, deux dames assises sur une banquette : elles m'avaient vu, il m'était impossible de reculer. « C'est madame la marquise Piranese, me suis-je dit, et madame la comtesse; ta mère et ta femme. En avant donc. » — Parole d'honneur, j'étais troublé; je frissonnais de peur. Un terrible moment! Je faisais des pas d'un pouce, afin de me préparer à l'abordage, et je marchai droit à ta mère, comme à la moins redoutable. A mon approche, ces dames ne se sont pas levées. Je me suis incliné de toute la profondeur possible, et j'ai dit à ta mère, avec un ton d'assurance artificielle : J'ai l'honneur de saluer mesdames Piranese ; je crois que je n'ai pas le bonheur d'être reconnu dans la villa de mon ami. Ta mère m'a regardé fixement, et m'a dit : Ah ! c'est M. Emile Dutretz ! et elle a paru embarrassée, et a balbutié quelques mots que je n'ai pas compris. Alors, je me suis raidi sur mes jambes, et j'ai ajouté : Je n'ai pas vu mon ami Piranese depuis qu'il a épousé la belle comtesse Rosa Balma ; et en disant cela, je me détournai de ta mère, et je m'inclinai devant l'autre dame. Comme je me relevai, j'ai senti le pied de ta mère sur mon pied ; et j'ai vu sur le visage de l'autre une pâleur épouvantable, et des yeux égarés. — Que dites-vous là, Monsieur ? a-t-elle dit d'une voix étouffée, le comte

Piranèse a épousé... et ta mère lui a coupé la voix.

« Mon chapeau est tombé de mes mains.

« J'ai jeté rapidement un coup d'œil sur ta mère; ta mère se penchait en arrière, me regardait avec des yeux enflammés, et croisait ses lèvres avec son doigt, comme la déesse Muta. Juge de mes perplexités, mon cher Pira. Conçois-tu mon embarras devant ces énigmes en action? J'aurais donné mille louis pour être une des statues de marbre qui riaient autour de nous. Après un long voyage, une longue insomnie, une diète forcée, il y a du vide et de la folie dans notre cerveau; j'ai cru que je faisais un songe, et que je me promenais dans les Champs-Élyséens, où les femmes nous regardent de travers, selon Virgile. »

— Mais quel étrange récit me fais-tu là ? s'écria Piranese, les bras levés et raidis par dessus la tête.

....

— Laisse-moi achever, mon cher Pira.....

« Mes regards étaient attachés sur ta mère, et j'attendais qu'elle parlât : Monsieur, m'a-t-elle dit tout bas et à l'écart, Giampolo, mon fils, votre ami intime, serait bien étonné s'il savait que vous n'avez pas reconnu, dans Mademoiselle, la fille de madame Piranese ; il est vrai que, depuis son heureux rétablissement, mademoiselle Cécilia n'a fait que croître et embellir ; elle continue sa mère...

....

« Un cri sourd roula dans ma poitrine, et j'arrêtai violemment son explosion sur mes lèvres. Pendant que ta mère me parlait, je regardais celle que j'avais prise, dans l'ombre épaisse des arbres, pour ta femme. Oh! qui ne se serait trompé comme moi! Non, jamais la Vénus de la villa d'Adrien n'excita plus d'admiration dans le cœur d'un artiste, le jour qu'elle sortit des fouilles, après quinze siècles d'inhumation. Moi, j'étais devant elle, muet, l'œil fixe, convulsif, échevelé, comme le saint Jean-Baptiste de la vierge de Foligno. Elle, Cécilia, cette blonde enfant du *Monte-Pincio*, se révélait subitement à moi dans tous les enchantements de la femme, dans toutes les grâces savoureuses de ses quinze ans. Mais quel prestige infernal ou divin est donc attaché au front d'une jeune femme! Moi, qui n'ai pas tremblé sur le tremblement de terre de la Moskowa, je sentais mes jambes défaillir, et mon cœur battre, dans cette scène pleine de mystère, de confusion, d'ombres, de lumière, d'éblouissements. Rien de ce qui m'entourait n'appartenait à la vie réelle ; nous parlions, nous nous taisions, nous nous regardions avec effroi, sans nous comprendre, comme dans les mauvais rêves ; et, à chaque instant, j'oubliais l'inconcevable étrangeté de cette situation, pour m'abandonner à la contemplation de Cécilia, dont le visage illuminait le bosquet sombre, comme une étoile vivante ; et j'éprouvais le besoin de lui dire, comme l'amant du *Temple de Gnide* : O femme, laisse tomber tes voiles, et demande des autels ! Tout à coup, Cécilia s'est levée, la figure voilée par ses mains, la démarche chancelante ; et j'ai entendu des sanglots qui sortaient de sa poitrine. Mes yeux la suivaient avec inquiétude, lorsque ta mère s'est levée aussi, et m'a dit en secouant la tête : — Ah ! Monsieur, qu'êtes-vous venu faire ici ? — Madame, me suis-je écrié, parlez-moi. — Ta mère ne m'a rien répondu, elle a couru à Cécilia ; elle a jeté son bras droit autour de sa taille, elle s'est penchée à son oreille, comme pour lui adresser des paroles de consolation. Elles n'ont été visibles qu'un instant ; elles se sont perdues dans les grands massifs d'arbres, vers l'Anio. Que pouvais-je faire alors ? J'ai marché droit à la maison pour saluer ta femme, et obtenir d'elle quelques explications, à la suite d'un entretien adroitement engagé. Madame la comtesse ne reçoit personne, m'a dit un domestique dans le vestibule, et il m'a tourné le dos. J'ai fait cinq ou six tours sur moi-même, comme si une main invisible m'avait fait pirouetter ; et n'imaginant rien pour continuer mes explorations dans ce chaos ourdi par trois femmes, je suis remonté en voiture, pour te rejoindre, et mettre mes efforts de pensée en commun avec les tiens, afin d'arriver à une solution. »

Émile avait parlé avec tant de feu qu'il n'avait pas suivi la gradation de teintes qui s'opérait sur le visage de Piranese; à la fin du récit, la figure du jeune Romain était sombre comme le masque tragique du Désespoir. Un long silence suivit cette scène. Émile se promenait dans la galerie, les bras croisés, la tête inclinée; son ami, toujours assis, soutenait son front avec ses deux mains, et appelait toute sa raison pour combattre la tempête qui s'élevait dans son sein; car un coin du voile se levait, pour lui seul, sur les mystères de la villa; le récit d'Émile lui donnait l'explication de la conduite de sa femme, et cette explication, la seule qui fût admissible et qui répondît à tout, était affreuse; elle brisait le cœur : il était donc aimé! aimé innocemment de cette jeune Cécilia, aujourd'hui plus belle que jamais par un miracle de la nature et une intention cruelle du destin ; et c'était sa femme qui avait reçu l'épouvantable confidence! et elle avait caché à sa fille (qui le soupçonnait peut-être) quel lien sacré l'unissait au comte Piranese! et l'arrivée étourdie d'Émile avait, en quelques mots, tout appris à l'infortunée Cécilia! Oh! la tête d'un homme n'était pas assez forte pour soutenir le poids d'une pareille révélation! Piranese, anéanti, n'entendait pas la voix de Luigi qui accourait vers son maître, ne sentait pas la main d'Émile qui s'efforçait de l'arracher à sa rêverie. Enfin, il ouvrait les yeux et leva la tête, comme s'il reprenait ses sens après un évanouissement, et regarda Luigi, en lui faisant signe de parler.

— Le seigneur Felice Mattei demande si votre excellence peut le recevoir, dit Luigi.

— Felice Mattei!... Ah!... il est fort tard pour recevoir... Que me veut Felice Mattei, à cette heure?

— C'est, dit-il, pour une affaire de la plus haute importance.

— Fais monter... On ne peut pas éconduire Felice Mattei... Émile, reste avec moi, l'importun nous quittera plus tôt..... Je suis brisé!... oh! mon Dieu!

Felice Mattei, que nous avons connu au commencement de cette histoire, fut introduit dans la galerie où étaient les deux jeunes gens. Piranese reprit ses manières aisées et pleines d'élégance pour le recevoir. Mattei parut d'abord embarrassé de la présence d'Émile; mais Piranese lui dit : Ce n'est point un étranger, c'est mon seul et intime ami; vous pouvez parler sans contrainte devant lui; c'est un autre moi-même. Je n'ai point de secrets pour lui.

. . . .

Les trois acteurs de cette scène s'assirent, et Felice Mattei parla ainsi :

. . . .

« J'étais à Naples, depuis fort long-temps, faisant mon service auprès du roi, lorsque, ces jours derniers, je reçus de madame la comtesse Piranese une lettre portant invitation de me rendre auprès d'elle, à sa villa de Tibur. Vous connaissez mon dévoûment pour cette noble femme ; son second mariage, quoique contracté à mon insu, n'a pas altéré l'affection que je portais à la veuve de mon ami, l'héroïque Balma. Aussi, à son premier appel, je me suis rendu auprès d'elle. Nous avons passé quelques jours ensemble, nous entretenant de choses assez indifférentes ; elle paraissait obsédée d'un violent chagrin, et elle me disait qu'en l'absence de son mari elle avait songé à moi, son ancien tuteur, pour puiser dans la conversation d'un homme un peu de cette force morale dont elle avait besoin. Je me dispenserai donc de vous répéter ici toutes les paroles échangées entre nous pendant ces journées oisives. J'arrive à l'essentiel. Ce soir, comme nous nous promenions sur le bord de l'Anio, elle aperçut sa fille Cécilia, solitairement assise sous un arbre, et dans une sombre attitude de méditation. Madame Piranese poussa un long soupir, et me dit :

« — Ma pauvre fille a pris dans les rêves et les ennuis de sa dernière maladie des idées romanesques et un caractère sombre qui m'affligent. Le médecin m'a dit : Il y a deux remèdes à cela, le mariage et les voyages. Certes, il m'en coûterait de me séparer de ma fille, et pourtant je donnerais toute ma fortune à l'homme qui épouserait Cécilia, et qui voyagerait trois ou quatre ans avec elle. »

—Trois ou quatre ans ! ai-je dit ; vous consentiriez... »

« Elle m'a interrompu vivement.

« — Oui, Mattei, m'a-t-elle dit, je consens à tout pour le bonheur de ma fille. Écoutez, puisque les mariages de convenance sont à la mode, ne pourrions-nous pas en arranger un, ici, en causant?

« — Voyons, Madame.

« — Votre neveu, Giuseppe Mattei, est un jeune et noble seigneur auquel il ne manque rien qu'une fortune. Si quatre cent mille écus de dot, et la main d'une demoiselle comme Cécilia peuvent..... »

— Pardon, Monsieur, dit le comte Piranese en interrompant Mattei, pardon, si je vous arrête... c'est que nous étouffons dans cette galerie... exposée au midi... nous sommes aux premiers jours de printemps... La chaleur se fait sentir... Voulez-vous que nous descendions au jardin ?

— Oui, descendons au jardin, dit Mattei.

Piranese tremblait de fièvre, son visage était horrible à voir ; heureusement la nuit protégeait son affreuse émotion.

Au jardin, Mattei continua son récit :

« — Au reste, ajouta madame Piranese, en donnant ma fille et une fortune à votre neveu, je ne ferais que seconder les intentions du père de Cécilia, de mon premier mari ; vous savez qu'il désirait tout ce qui pouvait resserrer l'union entre votre maison et la sienne.

— Oh! Madame! me suis-je écrié avec un accent qui partait du cœur, quel noble seigneur italien ne serait fier et heureux d'une pareille alliance! Votre fille est déjà un si rare trésor que les yeux d'un fiancé se ferment sur la fortune offerte avec elle. Mon neveu est à Naples; il est encore à l'âge où le cœur est libre : il a vingt ans. Je réponds de lui; et, puisque vous demandez que votre fille voyage, je mets mon expérience au service des jeunes époux, et je voyagerai avec eux.

— Et moi, je réponds de Cécilia, m'a dit votre femme en me serrant les mains avec émotion; je réponds d'elle, il n'est pas au monde de fille plus soumise... Ah! si vous saviez!.... Maintenant, Mattei, il me reste un devoir à remplir. Mon mari est retenu à Rome pour des affaires ; il faut que vous fassiez une démarche pour la forme ; pour la forme, entendez-vous ? Il faut que vous lui demandiez son consentement, qu'il ne refusera pas à coup sûr. Allez, de ce pas, au palais Piranese, et rapportez-moi promptement sa réponse. Je vous attends comte Piranese, voilà ce qui m'amène si tard dans votre palais. »

Piranese garda le silence ; il était bouleversé ; sa tête ne paraissait plus appartenir à son corps ; il était décapité moralement ; il avait oublié son mariage, le seul objet qui apparût dans son imagination, c'était Cécilia, la plus belle des vierges, la femme autrefois tant aimée, lorsqu'elle était une enfant, et qui, sur un seul mot de lui, allait enchanter l'existence d'un autre homme, et vivre dans ses bras. Il y avait, dans cette pensée, un poison à tuer sur place, un coup de foudre à briser un front d'airain. Le voile de la nuit et des arbres dérobait à Mattei la convulsive agitation du jeune Romain.

— Cela vous donne à réfléchir, n'est-ce pas? dit Mattei. Il y a donc quelque obstacle imprévu?

— Mattei, dit Piranese les larmes aux yeux, Mattei, je vous remercie; vous êtes un digne ami.

— Ainsi, je puis repartir pour la villa, et annoncer...

— Attendez, Mattei... attendez... encore un instant...

— C'est que je ne vous ai pas dit, comte Piranese....

— Ah ! eh bien ! achevez... dites tout.

— J'ai reçu ce matin de Naples un édit de grâce pour vos quinze jours d'arrêt au château de l'Œuf. Vous vous rappelez cette punition que vous avez esquivée... Et le même pli royal contient un brevet d'aide-de-camp, qui vous attache à la personne de Joachim Murat. J'ai déjà montré cela à madame la comtesse Piranese... Vous voyez donc bien, Mattei, m'a-t-elle dit, qu'il faut que ce mariage se fasse promptement : voilà la guerre allumée par le débarquement de Napoléon ; mon mari partira pour l'armée... Qui connaît la durée de la guerre qui va s'ouvrir ? Au moins, ma fille aura un protecteur. C'est un mariage de nécessité... Comte Piranese, voilà le pli du roi Murat.

Piranese prit le précieux papier, et le baisa respectueusement.

— Vous voyez bien, seigneur Mattei, dit-il, que tout m'arrive à la fois.... Les affaires politiques, les affaires de famille se croisent dans mon cerveau... vraiment, je suis obsédé par la circonstance... C'est passer du calme à la tempête, sans transition... Ma tête brûle...

— Parlez-moi franchement, comte Piranese. Auriez-vous quelque grave motif de vous opposer au mariage projeté !

— Oui, seigneur Mattei.

Mattei recula d'étonnement.

— Oui, dites-vous, comte Piranese?

— Sans doute... J'ai un grave motif.

— Vous verriez avec peine une alliance avec ma famille ?

— Oh! non, certainement, seigneur Mattei.

— Eh bien?

— Eh bien!... ce mariage ne peut se faire.

— C'est votre dernier mot?

— Oui.

Piranese se promenait à grands pas au travers d'une allée, comme s'il eût attendu qu'un expédient jaillît de l'excitation de son corps. Tout à coup il s'arrêta, leva les yeux au ciel, marcha droit à Mattei et lui dit :

— Seigneur Mattei; l'obstacle, le voici. Émile Dutretz, mon intime ami, qui nous écoute en silence, mais non pas sans émotion, est arrivé ce matin de Paris pour demander en mariage Cécilia qu'il connaît depuis longtemps, et de laquelle, peut-être, il est aimé. Aujourd'hui, Émile s'est rendu à ma villa, pour déclarer ses intentions à madame Piranese, ma femme; il n'a pas été reçu; il sera reçu demain probablement, et j'espère que tout se terminera. Vous voyez, seigneur Mattei, qu'il m'est impossible de favoriser votre neveu au préjudice de mon ami.

— Je vais donc rapporter cette réponse à madame Pinarese.

— Certainement.

— Au reste, en l'état où se trouvent les choses, il n'y a rien de désespérant pour personne de ma famille : à peine les négociations sont entamées, et le plus intéressé dans l'affaire n'est encore instruit de rien. Nous verrons maintenant de quel côté penchera la prédilection de madame Pinarese ; car, en pareille occasion, l'avis d'une mère n'est pas à dédaigner.

— Dieu me préserve, seigneur Mattei, de faire obstacle, moi, à la volonté d'une mère ! Seulement, je vous ferai remarquer que, ce matin, madame Piranese n'avait pas de choix à faire, point de préférence à accorder, et que, demain, votre neveu aura un concurrent digne de quelque considération aux yeux d'une mère. Émile Dutretz aime Cécilia depuis trois ans : je ne veux pas faire son éloge devant lui; je me contenterai de dire qu'il est militaire français, que son nom a été cité dans les bulletins de Napoléon, qu'il peut s'élever, par son courage, aux grades les plus éminents dans la guerre prochaine. Vous savez aussi bien que moi, seigneur Mattei, combien madame Piranese apprécie ces qualités, combien son âme virile se passionne pour la gloire militaire; si la mère de Cécilia avait pu se façonner un gendre à sa fantaisie, elle l'aurait fait à l'image d'Émile, mon ami. Maintenant, nous attendons votre neveu.

Félice Mattei, piqué au vif, ne répondit rien; il salua froidement les deux jeunes gens, et sortit d'un pas résolu.

Dès que la porte se fut refermée sur Mattei, Émile, qui s'était contenu avec peine, sauta au cou de son ami, en s'écriant :

— Bravo! bravo! Voilà une inspiration! Voilà comme il fallait se débarrasser de cette race des Mattei!

—Émile, dit Giampolo, tu le vois; j'ai voulu gagner du temps; tu me pardonneras ce subterfuge. J'abhorre les Mattei, moi! j'abhorre les neveux de vingt ans. Nous nous tirerons d'embarras comme nous le pourrons.

— Que dis-tu donc, mon cher Pira? j'accepte mon rôle jusqu'au bout; parole d'honneur! foi de soldat français! j'épouse Cécilia.

Ce fut le dernier coup de foudre qui tomba ce jour-là sur le front de Piranese. Au comble de sa joie, Émile ne remarqua pas le mouvement de stupéfaction et la teinte de terreur qui coururent sur le visage de son ami.

— Oh! je l'épouse! c'est décidé. Ton consentement, je l'ai; demain je m'habille de toutes mes séductions, et je cours, avec mes épaulettes et ma croix d'honneur, me jeter aux pieds de madame Piranese. C'est que le terrain brûle sous nos pieds; il faut précipiter les évènements, comme au dernier acte d'une tragédie; il faut faire marcher de front l'amour, le mariage, le contrat, la guerre, Napoléon, Joachim Murat, Félice Mattei, et l'anéantissement de son neveu. J'épouse Cécilia demain ou après-demain au plus tard; avec des flots d'argent nous aplanirons tous les obstacles à l'état civil de l'Église romaine. Oh! que je t'embrasse encore, mon cher Pira, pour ton inspiration! Avoue que tu ne t'attendais pas à me voir prendre la chose au sérieux. Je suis ainsi fait, moi. Mon pauvre ami, cette journée t'a démoralisé, je le vois. Tu meurs de fatigue et de sommeil. Tiens, séparons-nous; il est trop tard; demain nous aurons une journée fraîche et pleine. Ton Luigi rôde, là-bas, un flambeau à la main, il va me conduire à ma chambre, j'ai bien besoin de repos, moi aussi.

Bonne nuit, Pira; ta main dans ma

main; adieu. Demain, le premier debout réveillera l'autre. Adieu.

Piranese reçut l'adieu de son ami avec une indifférence stupide. Pendant cette journée, il s'était galvanisé tant de fois, pour répondre en homme à de terribles exigences de situation, qu'il ne lui resta plus, cette fois, assez de force pour supporter une dernière crise. Immobile et silencieux, il suivit d'un regard hébété le fougueux Emile qui s'élança vers l'escalier et disparut.

La nuit était tiède et parfumée des exhalaisons du printemps; les fontaines du jardin pleuraient, dans la mousse et les coquillages, avec cette harmonie dolente qui conseille le sommeil. Piranese se laissa tomber sur un lit de gazon opaque, et aux premières lueurs de l'aube n'ayant plus d'énergie dans le cerveau et dans le corps, il s'endormit.

FIN DU TOME PREMIER.

www.ingramcontent.com/pod-product-compliance
Lightning Source LLC
LaVergne TN
LVHW020545230826
846091LV00002B/395